鸣　谢

中国语言资源保护工程浙江德清方言课题组
德清县方言研究推广中心
德清县乾元镇成人文化技术学校

趣说德清话

——德清方言文化读本

倪有章　编著

德清县语言文字工作委员会
德清县教育局　主编

浙江工商大学出版社
ZHEJIANG GONGSHANG UNIVERSITY PRESS
·杭州·

图书在版编目（CIP）数据

趣说德清话：德清方言文化读本 / 倪有章编著；
德清县语言文字工作委员会，德清县教育局主编 . — 杭
州：浙江工商大学出版社，2020.5
　　ISBN 978-7-5178-3868-5

　　Ⅰ.①趣… Ⅱ.①倪… ②德… ③德… Ⅲ.①吴语—
德清县 – 通俗读物 Ⅳ.① H173-49

中国版本图书馆 CIP 数据核字（2020）第 083335 号

趣说德清话——德清方言文化读本
QUSHUO DEQINGHUA DEQING FANGYAN WENHUA DUBEN

倪有章　编著　德清县语言文字工作委员会、德清县教育局　主编

责任编辑	任晓燕	
封面设计	林朦朦	
责任印制	包建辉	
出版发行	浙江工商大学出版社	
	（杭州市教工路 198 号　邮政编码 310012）	
	（E-mail：zjgsupress@163.com）	
	（网址：http://www.zjgsupress.com）	
	电话：0571-88904980，88831806（传真）	
排　　版	杭州红羽文化创意有限公司	
印　　刷	杭州高腾印务有限公司	
开　　本	787mm × 1092mm　1/16	
印　　张	8	
字　　数	121 千	
版 印 次	2020 年 6 月第 1 版　2020 年 6 月第 1 次印刷	
书　　号	ISBN 978-7-5178-3868-5	
定　　价	38.00 元	

序 一

德清是个好地方，地处杭嘉湖平原腹地，自古民殷财阜。也许正是由于这种地理优势，德清人从前"不见乾元山就要哭"，意思是说德清人比较恋家、热爱家乡。

看到《趣说德清话——德清方言文化读本》的初稿，备感亲切。记录下并且传播我们已经流传了不知多少年的"乡音"及其文化，这是一种"功德"。德清方言，在整个吴方言区域只是一个小小的点，但它同时也是构成吴方言乃至整个汉藏语系的一个细胞、一涓细流。在这一涓细流里面，流淌着德清这块美丽神奇之地的人文基因，更有亘古未泯的乡情。

前一阶段，德清成立县级方言研究推广中心，时隔两个多月，倪有章先生的《趣说德清话——德清方言文化读本》基本编著完成，即将呈现给广大读者，没有一种特别的热情就不可能有这么神速的成绩。所以，欣然之余，作为曾经的语文教师和分管着一方文化教育的我，对编著者热心于地方传统文化发掘与传播的那种精神表示钦佩，对他们的研究成果表示祝贺和感谢!

他们做了很多人想做的事,只是因为社会分工的不同,所处工作背景的差异,很多人都未能完成这件事。他们能够沉下心来,是替其他人探了路,做了一件好事。

方言是地方的传统文化,博大精深。一个人会不会说方言,对于他的人生,似乎算不上特别重要的事。但是方言是最好的文化认同介质,你会说什么话,不会说什么话,与文化认同的关系非常紧密。

本书的出版发行,必将为我们德清的孩子们、新居民和社区居民提供一种良好的乡土精神食粮,提供一种地域文化营养,意义重大。

倪有章老师和我曾是同行,有过工作上的接触。那时他作为县七届政协委员和我分在同一个界别,除了了解一点他曾认真写提案,在大会上发言,呼吁一些事情,其余的印象不深。这一次看到这个读本,便想起了那一点印象:那就是作为一位教师、一位知识分子的务实作风和积极态度。

"文章宜合时而著",在大力弘扬中华民族优秀传统文化的新时代,我们的写作者,如果本着一切以人民为中心的宗旨,积极务实,深入生活,写出来的东西哪怕不一定是鸿篇巨制,照样意义非凡。

德清县人民政府副县长,德清县语言文字委员会主任
洪延艳
2019 年 4 月 16 日

序　二

　　方言是一种语言，它是古代同一种语言因语音、词汇和语法等方面的差异，而在不同地区形成的地域分支。方言间的差异是一种语言在不同历史发展阶段特征的遗存，这种差异对探索语言的发展演变具有极高的研究价值。浙江是方言众多的大省之一，浙江吴语纷繁复杂，内部差异大，在已调查的70多种地方方言中，还没发现有哪两处方言是相同的，可以说每一个县都至少有一种方言土语。德清位于浙北杭嘉湖平原西端，德清方言连同湖州、长兴、安吉、余杭等地方言，同属吴语太湖片苕溪小片。

　　方言是一种文化，方言本身是一种重要的非物质文化，同时又是一切地域文化的载体。地域文化一旦脱离了方言，就会失去其独特的内涵和韵味，变得苍白而无力。比如"热心阿娘是非多""鲞鱼挂臭、老猫叫瘦""毛头姑娘十八变，临时上轿变三变"等德清方言俗语，如果脱离德清特有的方言历史文化，那么我们就很难完整地解读其内涵，更不用说去听懂本地方言表演的曲艺和戏剧了。

方言是一种情怀，它是家乡袅袅的炊烟，更是母亲声声的呼唤。这种情怀早已融进一方水土，植入人们的基因，成为乡亲间联系的一根重要纽带，也成为一种与生俱来的对家乡的亲切之情、理解之情和热爱之情。离开家乡越远，这种感受越深、这种感情越浓，真所谓"一句家乡话，亲切你我他"。

德清历史悠久，人杰地灵，方言文化底蕴深厚，德清是中国防风文化的故里，吴越文化的腹地。倪有章老师的《趣说德清话——德清方言文化读本》一书，堪称德清方言文化传承的接力棒，尽显德清方言文化新魅力。全书内容丰富、角度新颖，既有历史渊源的追溯，又有习得方法的介绍，更有日常用语、谚语、谜语和民间故事的文化解读，这些无疑都是德清方言文化的重要内容。在汉语方言发生急剧变化之际，在许多方言土语特征以加速度方式流失之时，《趣说德清话——德清方言文化读本》一书的推出，无论是对德清方言文化的保存、保护，还是传承、传播，都是一大有力的推动，具有重要的现实意义。

杭州师范大学　徐　越
2020 年 2 月

前　言

方言方音寄乡情

　　普通话的推广已经有六十多年了，当年牙牙学语的婴孩如今也已年届花甲了。改革开放以来，经济的快速发展和社会的急剧变化，使普通话的传播和不同语言的交融再次提速，于是，一个当初始料未及的文化现象逐渐显现——方言的流失。城乡少年儿童基本不会用方言土语进行流利的交流，方言文化渐渐式微。

　　方言，首先是一种地方传统文化，作为交流工具，方言土语中所蕴含着的，不止于族群情缘和乡愁乡情，还有丰富的历史人文信息。对于方言文化的保护与传承，其价值远远超出重拾乡愁的范畴。

　　德清，位于杭嘉湖平原的西端，太湖南岸，杭州北郊。德清话在当地被戏称为"德语"，属吴语太湖片苕溪小片，它在很大程度上反映了太湖片，乃至整个吴方言区的许多特点，与区内的苏州话、上海话、宁波话、绍兴话在语音、词汇和语法等方面存在很大的交集。

在调查、采集方言文化信息的同时，我们进一步感知到德清方言（音和义）的历史纵深和文化宽度，这让我们对方言保护传承的意愿和情怀愈加强烈，信念愈笃。

于是我们编写了这个读本，想尽我们的绵薄之力，向青少年、广大读者朋友表达一种思想：方音寄乡情，俚语有文化。让我们"乡音无改"，乡情永怀。

2019 年 3 月 8 日

目　录

第一章

我是啊里人

—— 走进方言

本 章 导 读

　　我们平时说的方言是相对于现代汉语普通话而言的。那么，我们在学好普通话的同时，为什么还要了解方言，学习方言，理解方言？本章先介绍了方言的趣味性，然后讲述我国方言区划、方言类别等常识，让我们对方言概念有一个初步的理解。

第 一 节

孩子掉水里了？—— 为本书开个头

　　我们先说两个方言趣话。

一、武汉的"孩子"掉进水里了

　　有一个东北人，坐船去武汉旅游，忽听得有人喊"孩子"掉水里了。东北人一看，水面上有一只鞋子正要下沉，就一跃而下，扎个猛子下去，没有找到孩子。船上的妇女还在"孩子、孩子"地喊叫。其他人也并没有显示出多少惊慌，让东北人"上来上来，为了个'孩子'跳下河去，没有必要"。

　　可是"孩子"没找到，东北人又扎了个猛子下去……

　　原来啊，武汉人口中的"孩子"只是一只鞋子。在武汉，鞋子是念成"孩子"的。

二、宁波的"米索西多来"

宁波有一个裁缝店，老板和伙计一人一边在干活。

老板：来发。

伙计：索西？

老板：驮来。

伙计：索西驮来？

老板：西驮来。

伙计：索西西驮来？

老板：米索西驮来。

伙计：索西米索西驮来？

老板：来米索西驮来。

……

这组对话用普通话翻译过来是这样的：

老板：来发。

伙计：什么事？

老板：拿来。

伙计：什么拿来？

老板：线拿来。

伙计：什么线拿来？

老板：棉纱线拿来。

伙计：什么棉纱线拿来？

老板：蓝棉纱线拿来。

……

在宁波话里面，"什么"念"索西"，"拿"念"驮"，"棉纱线"念"米索西"，"蓝"念"来"。于是，老板和伙计的对话都是音乐唱名，连起来就是一段乐谱。这个笑话当然有艺术创作成分，但是却很巧妙地把宁波方言的有些特点描摹了出来。

关于方言趣话的例子我们可以举出许多。可见，我们国家的方言真可谓丰富多彩，是"世界之最"。

方言，顾名思义就是地方语言。在学术上，方言的概念和内涵比较复杂。我们平时所说的方言，实际上是相对于普通话或者官方用语而言的。

▍思考与实践 ▍

1. 看了上面的两个方言趣话，你是不是觉得我国的方言很有趣？那么，你平时听到过类似的笑话吗，能举几个例子吗？

2. 如果你开始关注方言，可以通过上网或者去图书馆，查找一些关于方言的基本知识。

德清老县城（乾元山　2015年　乾元镇文史馆提供）

第二节
菜鸟、吃瓜群众也是方言？——方言的类别

方言实际上不只是地方语言，除了地域方言，还有社会方言、个人方言、优势方言和过渡性方言。

地域方言就是语言在不同地域的变体。我们平时所说的方言，实际上就是这个意思。

社会方言说的是使用同一地点方言的人，因职业、阶层、年龄、性别、语用环境、个人风格等不同，语音、措辞、谈吐也会有所不同。

比如，我们经常使用的网络语言，网友、大虾、吃瓜群众、拍砖、雷人、手机控、汗、顶、点赞……这些实际上就是社会方言。

个人方言指的是不同的人处在不同的语用环境，他的语音、用语会带着个人特点。

优势方言指在地区方言中最有声望的地点方言，比如上海话之于泛上海地区方言、杭州话之于杭州市中心周边地区方言，它们都是"强势方言""权威方言"。在全国范围内最有声望的是普通话的"基础方言"北方方言。"优势方言"相对的是"弱势方言"，比如德清话中老城关（乾元镇）一带的德清话是"优势方言"，洛舍话、戈亭话就是"弱势方言"。

所谓过渡性方言，就是两个或多个地区方言的交界地带的方言，兼有毗连地区两种或多种方言的特征。例如，新市话实际上是德清话与桐乡话之间的过渡性方言，它既有桐乡话的口音、用语习惯和措辞特点，也有德清话的基本特征。

▎思考与实践 ▎

1. 本节只是粗略地介绍了方言的内涵，若你想做进一步的了解，可以通过多种途径加深学习。

2. 本节说到了一些概念，如社会方言、个人方言等，你能从生活中举出更多例子吗？

古武德桥（幸福村　2015年　乾元镇文史馆提供）

第 三 节
伢讲的是啥话 —— 方言区划分类

对汉语方言区进行划分，传统上一般分为七大方言区。

（1）北方方言，也叫北方话（以北京话为代表），分布在长江以北的广大地区，长江以南的镇江以上、九江以下的沿江地带，还有湖北、四川、云南、贵州等地。

（2）吴方言，也叫江浙话、吴语，分布在江苏的南部和浙江、上海。

（3）赣方言，也叫江西话，分布在江西大部分地区和湖北的东南角。

（4）湘方言，也叫湖南话，分布在湖南一带。

（5）粤方言，也叫广东话，分布在广东的中西部地区和广西的部分地区，还有香港和澳门地区。

（6）闽方言，也叫福建话，分布在福建、台湾、海南和广东的潮汕、惠州、汕尾一带。

（7）客家方言，也叫客家话，集中分布在两广、江西、福建、台湾等地，湖南和四川等省也有分布（当地称"广东话"）。

近年来，随着对汉语方言调查的深入，我们的方言分区越来越细致，在上述七大方言基础上，又分出了以下三个方言区。

（1）晋语，就是山西省以及毗邻地区的方言。

（2）徽语，就是皖南旧徽州府、浙西的旧严州府，以及江西东北婺源一带的方言。

（3）平话，广西东部一带的方言。

我们的家乡话就属于江浙话 —— 吴方言，又叫吴语。

思考与实践

1.关于我国方言区划分类，你最好找一张中国地图或者方言区划地图进行对照，以便更形象地了解这些方言区的划分。

2.你可以通过各种方言歌曲，比如粤语歌曲、闽南语歌曲，以及越剧、沪剧等戏曲，大致体会一下不同方言的发音特点。

采　茶（莫干何村　2005年　楼其梁　摄）

第二章

伢是德清人——了解『德清话』

本　章　导　读

方言在地理上的区划，大致分三个层次：方言区、方言片、方言点，即方言区下面，分出方言片，片下分小片，小片下分点。我们德清话，就是一个小小的点，并且没有严格的边界。在这个小小的点内部，语音、词汇方面还会有许许多多微小的区分。本章试图说明德清话内部的区域划分，及其各自的特点。

第一节

伢在苕溪片 —— 德清话的方言坐标

上一章讲到方言的区划分类。实际上，方言在地理上的区划，大致分三个层次：区、片、点，即方言区下面，我们可以区分出许多片，片下面还可以分出许多小片，小片下面再分点。例如，我们的德清话，就是吴方言区的太湖片的苕溪小片上的一个点。

由于地理的、社会的和历史的原因，实际上同一个方言片、方言点内部，情况还是非常复杂的。俗语说"百里不同风，十里不同俗"，地方土语甚至"十里不同音，三里不同义"。比如，洛舍东衡一带，俞塘山以南，语音接近乾元；山北仅一里之遥的俞塘，语音就接近洛舍口音；往东一里之遥的下塘，就是戈亭口音；东南一河（龙溪）之隔的石塘，就是澉山口音了。

又如，中部洛舍一带的"阿爹""爹爹"就是祖父，但上柏、三桥一带的"阿爹""爹爹"就是父亲。洛舍一带的"阿姐"是姑姑，新市的"阿姐"则是姐姐……不一而足。

▌思考与实践▕

1. 比较北方方言，我们吴方言不同片、小片、点的内部都会有非常复杂的特征区分。思考一下，这可能是由哪些原因造成的？

2. 本节举到了一些例子，如"阿姐""爹爹"，同样的称谓，在不同地方所指的对象却不一样。你还可以举出类似的例子吗？

德清长桥（20世纪90年代　楼其梁　摄）

第二节
十里不同音 —— 德清话区划

根据语音不同这一主要标准，我们还可以将德清话划分出若干小片区。

德清地处浙江北部，西枕天目山，东邻杭嘉湖平原，北靠湖州，南邻杭绍。从地理位置看，正处于古吴越之间。

德清南北窄，直线距离仅二十多千米；而东西较长，直线距离约六十千米。

但德清话大致还是以南北走向分小片区。

德清北部从西部南路到东部钟管曲溪、南洋一线，方言口音比较接近吴兴话，语调比较软、糯。而南部从西部筏头、庾村到武康，再往东至乾元、雷甸、新安、禹越，方言则相对硬朗，比较接近余杭话。以此形成南北两个方言带。唯独新市一镇（含梅林、高林，不含原士林），基本不属于上述两个带，比较接近其东部的桐乡口音。所以，从大处分，德清话可基本区分为两带一小区，即南路—洛舍北部—钟管北部一个带（简称临吴带，过去湖州南部为吴兴县）和筏头、庾村—武康—乾元—雷甸—新安—禹越一个带（简称临杭带），新市一个小区（简称新市小区）。其中南北分界很明显的几个分界点，则在银顶山（庾村与南路之间）—王母山（洛舍与龙山之间）—俞塘山（鸡笼山，在洛舍东衡村境内）—澉山（原钟管与澉山两镇的交界）一线。

思考与实践

1. 本书根据方言语音对德清话进行了这样的划分，这只是一种观点。在德清也有以东、中、西划为三片的。你认为哪一种更好？能从实地找到例证吗？

2. 本节说德清越靠北越接近吴兴话，越靠南越接近杭州话。你能举出例子吗？

3. 根据以上两个问题，我们能不能假设：越靠近安吉的，就越接近安吉话了呢？可以说说你的理解。

老城旧宅（20世纪70年代　德清县档案馆提供）

第三节
三里不同韵 —— 德清话各小片区的特征

一、临吴带方言的基本特征

临吴带的主要范围是南路、洛舍北部、钟管北部紧邻吴兴的一些自然村。

临吴带方言语音基本特征是：

比较接近吴兴（湖州）话，语音由南往北渐趋软、糯，说话语速稍快，声音轻柔、婉转，口腔动作细腻，双唇变化灵活。其中南路、洛舍北部的张陆湾村、钟管的曲溪、南洋等村的地方口音基本近似于吴兴话，个别村属于吴兴话。逐渐往南，口音渐硬，一直到南北分界线。

以洛舍话为代表。

临吴带方言标志性的语汇及发音有：

倍里，咯里（哪里）

改儿，恒儿（阳平）（谁）

做啥（suo），做宛（wan）（干什么）

宛儿（wann），嗝事（什么）

那哈，那嘎（怎么）

讲 —— 逛（阴上）

杭州 —— 黄居

语气词：喔

二、临杭带方言的基本特征

临杭带的范围是上述南北分片分界线以南的狭长地带。

临杭带方言语音的基本特征是：

接近余杭话，语音比较硬朗，说话语速比临吴带较慢，声音响、直，口腔动作粗放，双唇变化简洁。其中最南端的禹越南部、新安南部、雷甸方言已经与余杭话非常接近了。

以城关话（乾元）、武康话为代表。

临杭带方言标志性的语汇及发音有：

啊里（哪里）

啊事（什么、什么事）

啊儿（ɑ，n）、啊人（谁）

那（阳入）嘎（怎么样）

讲——杠（阴入）

杭州——杭居

语气词：哦

三、新市小区方言的基本特征

新市小片的大致范围是韶村以东，原梅林、新联、新市等地。

新市小区方言语音基本特征是：

比较接近桐乡话，语音特征比较软、糯，语速快，口腔动作更加细腻，特别是双唇动作更为夸张。元音特别饱满，e、ie 韵特别多。

以新市话为代表。

新市小区方言标志性的语汇及发音有：

俉（我）

俉事（什么、什么事）

啥人（谁）

俉啦（我们）

当然，以上只是大致的区划，而实际情况则更为复杂。临吴带中各地方音都有不同，临杭带实际上也有东、中、西之分，如西部莫干、筏头、武康、三合为一个小区域，中部的乾元、雷甸、下舍为一个单元，东部的勾里、禹越又是一个单元。各单元内部的过渡都是相当细微的。

▎思考与实践 ▏

1. 本书对两带一小区的方言语音特征进行了简单阐述，举了标志性词汇的例子。你能再举出一些吗？

2. 不同的地方还有许多标志性的发音和词汇，你可以搜集一些，做一些整理，这会是一件很有趣的事情。

定亲酒回礼（士　林　2019年　楼其梁　摄）

第三章

蔡介坝就是蔡家坝——『德清话』有渊源

本　章　导　读

　　方言从哪里来的，这是一个非常艰深的学术问题。本章试图以一些例证说说德清话与古汉语在语汇、音韵上的某些关系。

第一节
村坊、雾露 —— 德清话中的古汉语词汇

　　德清话里有许多词汇，平时我们不在意它们到底是哪个字，怎么写，现代汉语中也已经不见了。但实际上，我们可以探寻到它的渊源 —— 古代汉语词汇或者古代白话文学语境。

　　下面我们举几个例子加以说明。

一、几何

　　平时我们问人家事物的数量，发音是"几曜""几好"。实际上，它应该是古语中的"几何"，两者意思、发音基本一样。"几何"在古语中就作多少讲。

　　例如：

　　"为犹将多，尔居徒几何？"（《诗·小雅·巧言》）

　　"年几何矣？"（《战国策·赵策》）

　　"罗敷年几何。"（《乐府诗集·陌上桑》）

　　"所杀几何。"（唐·李朝威《柳毅传》）

　　"相去能几何。"（明·刘基《诚意伯刘文成公文集》）

　　这些古语中的"几何"，与德清话"几曜"意义完全吻合。

二、村坊

在古汉语中，"村"和"坊"是两个意义相近的词。"村"一般指农人聚居的村庄，"坊"一般指城镇里巷。德清话中的"村坊"就是村庄的意思，现代汉语中没有这个说法，但古汉语中却大量存在。例如：

"凡税敛之数，书于县门、村坊，与众知之。"（《新唐书·食货志一》）

"我们住的村坊，也有百十多家。"（元·王晔《桃花女》楔子）

"（史进）寻思：这厮们大弄，必要来薅恼村坊。"（《水浒传》第二回）

"半夜三更，莫去敲门打户，激恼村坊。"（《水浒传》第三十七回）

三、雾露

德清人称雾为"雾露"，现代汉语中没有这个词，但古汉语中有。例如：

"淮南王为人刚，今暴摧折之，臣恐卒逢雾露病死。陛下为有杀弟之名，奈何！"（《史记·淮南衡山列传》）

"一朝蒙雾露，分作沟中瘠。"（宋·文天祥《正气歌》）

"方兹念功，遽闻奄逝，岂以山川之险，遂犯雾露之危？"（明·归有光《谕祭涂泽民文》）

"古者人民朴实，饥食鸟兽，渴饮雾露。"（《东周列国志》第八十一回）

四、镬子

镬子，本义为古代的大锅。在德清方言语境里，锅子是锅子，镬子是镬子。锅子一般指平底、圆柱形炊煮器皿，多为铝制品。而镬子则是穹底炊煮器皿，即传统意义上的锅子，多为生铁浇铸品，但现代汉语笼统称为"锅子"，没有"镬子"一词，古汉语中却很常见。例如：

"炉子边向火，镬子里澡浴。"（唐·拾得《诗》之二）

"七月七个夜头你来的正凑子个巧，省的小阿奴奴镬子里无油空自熬。"
（明·冯梦龙《山歌》卷七）

另外，"澡浴"作洗澡、游泳讲，"发科"作说话风趣、幽默、搞笑解。在古汉语语境中都可以找到许多例子。

其他还有像"弗""勿"这些词，作"不"解的，都来自古汉语。

还有许许多多，举不胜举。

▌思考与实践 ▕

1. 现代汉语有许许多多的语汇来自古汉语，我们这里说的，是现代汉语里已经没有这个词，但古汉语有德清话里也有的这种情况。你能举例吗？

2. 有一些方言词汇，现代汉语里找不到，如果你百度一下，说不定可以搜到古汉语里有这样的词。

秀水乡村（洛　舍　2016年　倪有章　摄）

第（二）节
觉海寺还是郭海寺 —— 德清方言与古汉语的音韵关系

新市有一座觉海寺，当地人大多数读为"决海寺"，但因不少老者读为"郭海寺"，曾经引发文人争议，这个寺院到底该读作啥？

乾元有条余不弄，当地人有读"余否弄"的，也有喊"余拨弄"的，故而导致纷争不断。

前一阵子，德清有许多带"介"字的村，如蔡介坝、陆介湾、张介湾、何介村、仲介田、李介坝……实际上，这些村压根儿与"介"毫无干系，是因为在方言里，家介谐音，一律读"噶"。但某某村冠名以某家，大概大家觉着不妥，所以在二三十年前，多数地名就音译为"某介×"，有一些地名在现在的官方场合依然保留"介"，实际上和"介"的意思没关系。

以上举的例子，究其根本，只和对这些词是文读还是白读有关。

所谓文读，指的是文读音，我们在读书咬音时常常采用书面读音。所谓白读，就是我们平时说话时所用的语音，也叫说话音、白话音。

比如"教"字，平时说"教师""教育"时，我们念"j"声，吴方言说"教不乖""我教你"时，读"g"声。前者是文读，后者就是白读。

上述"觉海寺"的"觉"，读"决"和"郭"都对。在方言"困觉""觉着"里，读的就是"郭"，属于白读。有许多书面语，我们一般取文读音，如"感觉""自觉""发觉"等等。

"不"字读为"拨"是文读，如"不屈不挠""心照不宣"等等。读为"否""弗"，实际上就是白读，如"不灵清""不犯着""不舒服"等等。

所以，"觉海寺"读"郭海寺"、"余不"读"余拨""余否"，都是对的。我们没有必要因为有人把吴江念成"鞥刚"而改写成"嗯刚"或"吴刚"。

这里我们再简单讲一讲吴方言与古汉语音韵的关系。

古汉语有平上去入四声，每声各分阴阳，共八调。现代普通话和北方方言只有阴平、阳平、上声、去声四调，没有入声。但是吴语中保存了中古汉语里的几乎全部的入声字。

入声字读音短促，一发即收。如古汉语音韵中，八、得、读、觉、桌、屋等等，这些都是入声字，在吴方言里，这些字还是读入声。你用德清话读一读这些字，就能感知到古汉语入声字大致的音韵特点。

另一方面，我们德清话中许许多多的字，声母与现代汉语不一样，但同时，我们在平时说话中，却出现了诸如"觉海寺"—"郭海寺"、无产阶级—无拨等同一个字却两种读法同时存在的情况。

下列的每一个字，在不同的语境中，德清人都是怎么读的，有什么不同呢？

本字	德清土话读法	在下列词汇中的读法
鬼	鬼伯伯、惹鬼、细鬼、鬼小心	装神弄鬼、妖魔鬼怪
跪	跪倒、跪在衣裳板上（搓衣板）	给我跪下、跪拜
无	无淘成、无不（没有）、无取（不行）	无产阶级、无政府主义
不	不问皂白、不来撒、不去	不等式、不过如此
阶	台阶	阶级
……		

鳜鱼音为"纪鱼"、扶住音为"蒲牢"、竹筏音为"竹排"、防备音为"旁备"、乌龟音为"乌鸡"、吴江音为"鞯刚"、讲话为"杠我"……难以尽数。

还可以举出许许多多类似的字词：如角、柜、家、加、届、今……

通过上述举例，我们发现，德清话的读音与普通话之间存在明显的规律性。

实际上，这些规律，表面是文读与白读的区分；实际上说明了德清话读音当中，包含了许许多多古汉语音韵。

当然，关于方言读音与古汉语音韵的关系是一门非常艰深的学问，有兴趣的同学可以到大学中文系再进行深入探究。我们这里只是想说明一下德清话与古汉语的渊源关系。

▌思考与实践 ▏

1. 德清人在说话时，存在许许多多文白异读的情况，你可以试着找出一些。

2. 请试着根据角 j—g、不 b—v（上古微母）、闻 w—m（上古明母）……这些字的普通话声母与方言声母变化规律，找出另外例字若干。

例如：望，声母为 w，德清方言中念梦，声母 m。

第四章

好白相——

『德清话』有趣道

本 章 导 读

本章是本书的重心所在。我们平时关注方言、喜欢方言，在很大程度上是因为它"有趣"。本章从口音、称谓、词汇等多个角度，说明德清话的趣味所在。

前面我们说过，德清地方不大，但是方言土语却是五花八门，从东到西，由南而北，变化万千。

第 一 节
鞋子和牙齿 —— 德清话口音

德清话里的口音区分，细腻到村村不同。如果不了解，常常会闹出笑话。

下面讲两个小笑话。

一、鞋子掉了

小英是新市人，今年六岁。正月里，小英跟着妈妈去洛舍外婆家做客。

小英：阿婆，我今朝早上落特了一个鞋子。

外婆：格么你去拾来呀。

小英：拾来做啥？我掼到垃圾桶里去啦。

外婆：哦哟你个呆囡囡，鞋子掼掉一只么还有一只也吭不用了呀。

小英：阿婆，鞋子落特么会得生出来的呀。

外婆：哦哟，阿婆笑撒台，鞋子落掉会得生出来啊？

……

一老一小的聊天不在同一个频道上。

原来，新市人管"牙齿"叫"啊子"，上声。而洛舍人的"啊子"就是鞋子。读音一模一样。

二、草纸和车子

一个洛舍的和一个新市的两亲家，在聊嫁妆的事。

新市亲家：嫁妆俫不讲究的，不娶太破费了。

洛舍亲家：伲也丑丝丝嫁不出宛东西哦，伲想买一部 caozi 做嫁妆么好忒。

新市亲家：哦哟，亲家公真是发科，嫁一篰 caozi 过来做啥呀。

洛舍亲家：难为情难为情，伲么好咯吭 [m] 不，caozi 么总要一部哦。

新市亲家：哦哟，俤洛舍人还有这种规矩啊，嫁 caozi 哓去讲伊，还要嫁一篰。

……

一个洛舍人，一个新市人，两个人在聊同一件事。洛舍亲家打算陪嫁一部车子，车子在洛舍就念 caozi，但新市人读作 caozi 的是草纸，车子读为 cuozi。部、篰同音，新市人一听嫁女儿要嫁一篰草纸，那不晕倒真算"结棍"（厉害）的呢。

实际上，德清人读"车子"，中部大多数地方都是 caozi，但新市和西部就念 cozi、cuozi，音调都是阴平，跟湖州土话接近。

有一句话被认为是说明口音现象的经典句子。——当客人自远方而来，但凡问一句："船来的还是走来的？"翻译成下舍、勾里一带口音，就变成"迢达来咯求达来哦"。听来特别，引为趣谈。

德清大部分地区称船为 [ze]、[zei]，但下舍一带念 [dʒu]，阳平。"走"在德清话里说成"跑"，"跑"在下舍、勾里用"迢"音。

讲，德清大部分地区读 gang，去声。临吴少部分村坊念 guang，阳上。

拿，大部分地区念 nuo，[ne]，也有念 dei 的，都念阴平。

黄豆，大部分地区念"黄豆"，洛舍人念"红豆"。

蛋黄，大部分地区念"蛋黄"，也有念阴平的，还有念成"蛋烘"（阴平）的。

本来，也有不少口音：本歇乃、本相乃、本节乃……

……

生活中，这种例子十分常见。

▌思考与实践 ▏

1. 方言土语的区别主要在于语汇和语音，这一节我们简单介绍了德清话中的口音问题，虽然交流当中口音必然会趋同，但是原汁原味的"乡音"未尝不是一种风景。建议你在学说方言时，大致清楚自己学的土语口音的定位——接近新市还是洛舍或是武康……这将有利于保持"乡音"的纯正。同时

放电影（武 康 2016年 楼其梁 摄）

你还可以留意家庭成员、亲朋好友，他们说话的口音能否大致定位。

2. 口音不同的词汇在我们德清范围内非常多，你平时留意一下，多收集几组，一定很有趣。

第 二 节
阿姐到底是啥人 —— 德清话称谓

我们先说说称谓。照道理说，从秦统一天下开始，我们中华民族在文化上早就高度统一了。然而，方言就是那么有趣，同一个概念会出现几种不同的称谓，或者同一种称呼在不同地方却代表不同的对象。

先讲个笑话。

一个钟管同学到武康读高中，结识了西部山区一个意趣相投的同学，两人聊家人。

西部同学说他阿爹是做生意的，开的汽车是劳斯莱斯。

钟管同学一听傻掉了。感慨地说，你阿爹年纪嘎大还开汽车？我阿爹五年前就生病死掉了。

西部同学一听吓坏了。你阿爹死掉啦？前几天不是亲自送你来上学的吗？

钟管同学一听也毛骨悚然：你怎么看得见我阿爹送我上学的啊？

西部同学一听更蒙了：你阿爹还加了我的微信呢……

两人都吓出一身冷汗。

原来，"阿爹"这个称呼，西部人指父亲，东部人指祖父。

德清话中的称谓，可以用纷乱来形容。这是因为，一方面，隔一个村就有可能有不同的称谓。另一方面，人际交往，婚嫁迁徙，不同的称谓又不断地杂糅，造成在同一个村，甚至在同一个家族里，称谓也是纷乱不堪。

下面我们具体举例加以说明。

一、阿姐与姐姐

新市人称姐姐为阿姐，但中部人口中的阿姐是指姑姑。同样，中部称姑姑大多为娘娘（niang niang，阴平）、嗯娘（n，niang 阴平）、姐姐。

同样，对姐姐的称谓，有称姐姐的，北部音为"jiajia"，去声。大部分称阿姐，aji，重音在 ji，去声。新市称"ajia"，重音在"a"，去声。

二、阿伯与阿爸

德清话的称谓里面，有时相近的声音用声调来区分具体含义。

阿伯与阿爸，音基本一样，为"aba"，读为阳入（新市人读去声＋轻声）时是父亲，读作阴去时又有两种情况，指大伯或者二伯。

同样，对父亲的称谓，有称一爷的，呼作"yiya"，阴平。是不是旧时就有"一爷"的称谓，暂无查考。一般新媳妇进门，呼公公为一爷。但也有亲生儿女叫父亲为一爷的。

三、亲爸与亲母

亲爸不是亲爸爸，亲母也不是亲生母亲。

中部人一般称丈人为亲爸，丈母娘为亲母。新市人侄儿也有称其叔叔为"亲爸"的。

新市人的"亲姆"（qīnm），一种叫法指母亲的姐姐。

同时，中部人称过寄（俗称过房、寄拜）的父母为亲爸亲妈，东西部则直接称为干爷干娘。

民间还有一种怪俗，称阴司代言人（鬼附身的凡身）为亲伯、亲爸。

四、亲家公与亲家婆

大致上，亲家公与亲家婆就是北方方言的亲（qìng）家，去声。但在德清土话里，亲家公与亲家婆有三层意义：首先指亲（qìng）家；第二是儿女相互过房（寄拜）的互称；第三是情人，多指已婚者。

五、外公的不同叫法

外公就是北方人口中的姥爷，德清大部分地区称为阿公，阳平。但临杭一带大部分呼作"阿耿"，阳平。

六、阿哥的不同叫法

阿哥就是哥哥，但叫法和音韵却有好多种。

新市一带多称"agu"，重音在"gu"，阴平。东南临杭带称"ago"，读法同前。洛舍东南俞塘一带称"age"，重音在 ge，阴平。同时，还有出现"gaga"（阴平）、"aga"（阴平）、"aga"（去声，重音在"a"）、"agōu"（阴平）等叫法。

七、娘姆的不同叫法

娘姆就是祖母，奶奶，叫法也有多种。

老德清城地区、新市地区为阿娘，去声，重音在"阿"。洛舍钟管一带称娘姆。新市也有称为娘娘（阴平）的。

八、"街上人"与"乡下人"的趋同

在过去,"街上人"是"街上人","乡下人"是"乡下人",是两元世界,文化习俗泾渭分明。因为"街上人"一直处于优越地位,"街上"的文化也颇受"乡下人"推崇,许许多多原本属于"街上人"的称谓,也为"乡下人"所仿效,所接受。大致来讲,"街上人"的文化比较接近于官方,代表一种时尚。称谓比较接近普通话。

比如:

父亲,"街上人"多呼作爸爸,"乡下人"称为阿爸、阿爹等。

母亲,"街上人"或者官话多称作妈妈,"乡下人"则多称作姆妈。

一般来讲,"街上人"的称谓比较雅,"乡下人"的称呼比较俗。即使在今天,仍有雅俗之分。

但是,随着社会的不断进步,农村城镇化程度的不断提升,总的趋势是趋同。现在农村出生的孩子,称父亲为"爸爸"、称母亲为"妈妈"的也不少。

▎思考与实践 ▎

1. 同是德清人,称谓就是这么复杂,你可以根据课文提到的现象,去留意生活中的实际情况,看看是不是这样。如有什么新的发现,也请记录下来,甚至可以反馈给老师和本书编著者。

2. 过去,"街上人"指的就是在集镇和城市生活并拥有城镇居民户口的人;"乡下

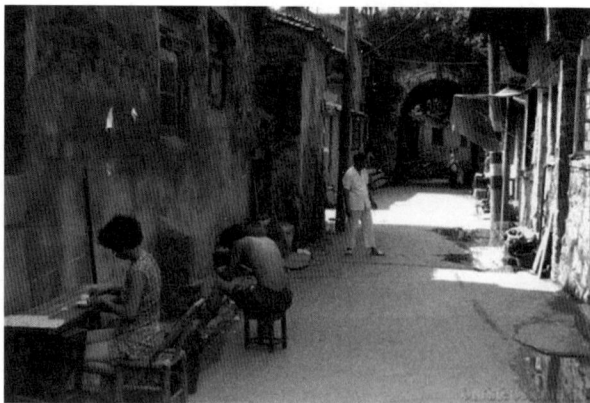

德清老城一隅(20世纪50年代 德清县档案馆提供)

人"就是不具有城镇户口的人,哪怕你在城镇生活,没有城镇户口,你还是属于"乡下人"。这个历史现象延续千百年,造成了城镇和农村文化的二元性。如今,这种二元文化结构现象依然十分显著,成为一种特殊的文化现象。希望你在生活

中，继续探究这种现象，看看哪些属于正能量，值得保护和传承，哪些又是可以摒弃的。

第 三 节
是佤还是那 —— 德清话中的代词

这里、那里、你、我、他、什么、哪里……这些都是代词，是代替名词、动词、形容词、数量词的词。代词可分为三类：

（1）人称代词，如：我、他们、汝、吾辈……

（2）疑问代词，如：谁、怎么……

（3）指示代词，如：这、那里、此、如此……

在现代汉语里面，这些代词的使用都相当稳定和规范；但在德清话里面，这三类代词所表现出来的情况就比较复杂多样。

一、先从读音方面来讲

我，在大部分地区念 [ŋu]，去声，[zeŋu]。新市人读"wu"，去声，[zewu]；戈亭一带人读 [ŋ]，去声。在德清书面语境里，有人借用"㕿"字代替。

你，读 [n]，去声。

他，读"yi"，上声，或 [zeyi]，入＋去声。

我们，大部分地区读 [ŋa]，去声，德清书面语境一般借用"伢"字代替。新市读"wa"，也读作"zewa"，去声，有人写作"佤"。同时读作"wula"，去声。

你们，全德清都读"na"，去声。德清书面语境有人写作"傛"，读音相去甚远。

他们，大部分地区念"la"，喇，上声，或 [zela]，也是上声。新市人念

"yila"，亦啦，或 [zeyila]，泽亦啦，去声。

二、再来看五花八门的说法

谁，临杭一带读"啊人"（aning），阳入。新市人读"啥人"，阳入。洛舍人读 [gen]、[guen]，阳平。戈亭、钟管人读 [guening]，阳上。

这里，有咯搭（geda，入声，中部、新市一带）、咯里（geli，入声，大部分地区）、哈郎（halang，阳去，halang，阳上、洛舍一带）、咯郎（gelang，阳去）、咯塔（gata，阴入）、该搭（gaida，阴平）、啊囊（anang，阳去）、荡坞（dangwu，阳上，西部）、泰里（taili，阳去，中部临杭）等读法。

三、不同地方还会有微妙的不同

那里，有哈里（hali，阳平）、哈里搭（halida）、哈里沓（halita，阳平）、哈里（hali，去声）、咯地（gedi，阴平）、该豆（gaidv，阴平）、该搭（gaida，阴平）、向里（xiangli，阴去，临杭带）、火里（huoli，阳平，新市）等多种读法。

哪里，啊里（阳入）、侮里（wuli，去声）、侮里沓、嗝里 [geli]，上声。

什么，啊是、宛儿（wai.n，去声，洛舍）、xu.n（去声，临吴带）、啥、suo（去声）。

四、表示时间的代词，读法也是五花八门

现在，有乃（nai，阳平）、咯毛（gemao，阳入，临杭带）、咯通里（getongli，阳入）、咯歇（gexie，阳入）、嘎歇（gaxie，阳去）等多种读法。

德清人用代词，实在丰富有趣，甚至有的用法只局限于某一两个村的范围。比如洛舍一带说的宛儿（wai.n，什么），范围大致是东至钟管下塘，南至东衡村俞塘，西至洛舍章家桥，北至洛舍张家湾、北大圩这样一个区域。

我们还可以举出许多例子。由此可见，德清人用代词也真够复杂的。难以想象，东南西北的德清人聚在一起，都操着家乡话聊天会是一种怎样的状况。

思考与实践

1. 关于德清人用代词，我们的课文里只是举了一些例子，生活中还会有许多有趣的现象。你可以留意一下，一定会有一些收获。

2. 你平时是按照哪里的习惯用这些代词的？爸爸，妈妈，爷爷，奶奶，外公，外婆……他们不一定都是同一个村、同一个镇吧？用代词都一样吗？

古桥新景（蠡山景区 2017年 倪有章 摄）

第四节
冻煞只"柳"——德清话里稀奇的名词

德清流传着一句俗语，叫作"冬冷不算冷，春冷冻煞只柳"（ang，去声，与冷押韵）。

这句俗语的意思大家都理解，江南冬天的冷尚能忍受，但春天里的冷却难以忍受，连"柳"都要被冻死。说的应该是江南倒春寒特别冷这一现象。那么，"柳"（这里只表示读音）到底是什么东西？最近，民间和学者认为，"柳"是小牛犊。但到底有没有对应的字不确定，如果有，又是一个怎样的字呢？

有人找到了疑似生僻字，如牛形营声，weng，上声；马形亢声，ang，阳平，但都是现代汉语无法检索到的字，有待你们进一步研究。

当然啦，德清话中稀奇古怪的字还有很多。有许多你根本查不到对应的字，属于"有音无字"的情况，也有一些只能找近义、形似的字代替，也是一种"假借"吧。

我们不妨再举一些例子。

器物上因碰撞等原因出现一个小缺口，或者掉了一个角。我们把这个事物称作 [ŋa]，阳入声，或者称 ŋa 口。德清方言里，"额角"的"额"读音与 [ŋa] 一模一样，我们推测，这个 ŋa 与"额"应该是近义。

米粉叫 [be]，灰尘叫蓬尘 [bongceng]（旁母），蚕蛹叫蚕婉 [zaini]，吐沫叫馋吐 [zaitu]，泡沫叫洴洴 [vava]，傻瓜叫毒头 [dodv]，犟头叫戆徒 [gangdu]，游手好闲的荡头 [dangdv]，远处叫开当，外地人叫开当人，近处叫迥头 [dongdv]，饭粒叫饭色，结巴叫疙子……

这些名称到底应该写成什么字，大多数需要我们深入研究。但肯定有一些音是没有字的。这中间的原因非常复杂，学问很深。

下面，我们再来欣赏一些德清话里"外里外国"（稀奇古怪）的名词。

现代汉语书面语	德清话
早上	早儿头
黄昏	夜来快、夜快边
后面	后兜
明年	明年嘎
后来	后慢来、后赛来、后歇来
日子	日脚
猴子	猢狲
指头	节头
脚腕	脚髁子

脚趾	脚节头
垃圾	勒瑟
癞蛤蟆	癞四
正午	日中心里
产妇	舍姆
暖手袋（壶）	汤婆子
要饭的人	讨饭婆
纸张	纸库
图章	图斯
虾	弯蛰
蚊帐	蚊幮（mengzi）
小姑娘	细丫头
酒窝	笑靥潭
喜鹊	丫雀（woqiang，阴平）
畜生	中生（zongsang，阴平）
……	

以上举了些例子，许多是德清独有的，听起来就觉得很特别，很有趣。

▌思考与实践 ▏

1. 德清话里，"外里外国"的名词远远不止课本所举的例子，有一些名词，它只有音，没有字，这是方言里常见的现象，并不奇怪。你如果遇到这样的情况，可以记下来，暂时找不到字没关系，记下音。

2. 如果你开始追究某一个方言词的本字，说明你对语言产生了兴趣。按理说，方言里

里弄新颜（乾　元　2018年　倪有章　摄）

这么说或者那么说，必定有其渊源和道理。在这样的探究过程中，我们一定会增长更多的见识，培养更强的探究精神。从现在起，可以开始你有趣的语言探究之旅了。

第（五）节

三四只老太婆 —— 德清话里奇怪的数量词

说起数量词，小学老师是这样教我们的：

一头牛两匹马，

三条大鱼四只鸭，

五本书六幅画，

七棵树八朵花，

九架飞机十辆车。

……

这首儿歌说明一个道理：现代汉语数量词的使用是有规则的。

但方言不同，德清话中，奇怪的用法不少，有的很有趣。

先说有趣的数词。德清话中同一个数词有几种不同念法的情况。

如"三"，表示数量或序数，一般情况都念"三"，但在"三四个""三四十个"这样的语境里，三念仨，sa，阴平。

如"十"，一般情况下念"十"，发音为 [ze]，阳入。但在数数和序数当中，遇"十五"时，"十"变音为"所"，阴上。当读数到三十以上的时候，"十"的读音就变成色，se，一般为轻声。

另外，德清话里还有一些表示不定数量的数词。

再说量词，情况更复杂。这里我们仅举数例。

一、表示物的量词

毕，读音为 [bi]，阳平，方言同"皮"，意思为层。如，一毕砖。水面上一毕油。泥土上面盖一毕稻草……

众，音宗，近义堆，特用于生物（动植物）集聚的数量单位。如一众人，即集聚在一起的一堆人。例句：哈里一众稻有稻褐虱毛病了（那边一堆稻有稻褐虱毛病了）。

淘，音 [do]，近义批，用于形容一大批运动着的人和动物。一淘人与一众人相比，前者为静止状态。如，格一淘人哄来哄去嘎做啥？（这一群人拥来拥去做什么？）

二、表示行为动作的量词

秒，田重耕为秒，在德清话里一般引申为活儿的数量单位，近义次、遍、回。但一般适合于可以重复的活儿。如，墙上油漆已经上了两秒；这块地我已经翻了三秒。但不能把"我已经和你讲过三次了"，说成"我已经和你讲过三秒了"。

茷，[va] 一般作农事计量，近义茬。如海南岛一年可以种三茷水稻；韭菜割了两茷；一年养了三茷鸡……

跶，音 [da]，阳去，近义趟，表示人或其他交通工具行程的量词。如，我跑了两三跶；汽车开跶。

三、表示长度单位的量词

过去人们很少有精确的丈量工具和习惯，而用比估计方法稍稍精确一点的肢体丈量法，如用手、脚等。

扩，大拇指和食指（或中指）一字张开的长度，约十五至二十厘米。一般在丈量短距离平放物时使用这个方法。丈量时，大拇指和食指（或中指）一张一合依次前进。本字未考。例句：四仙桌每边大概六扩长；这条鲫鱼有一扩长。

庹，音托，阴上。双手一字张开的长度，约一米五十到一米八十。一般在丈量两三米至五六米竖状物长度时使用这种方法。例句：这棵树足足有三庹粗；这堵墙比哈里堵墙短了两庹多一点。

九，也用作里程长度单位。九为九华里，稍远超十里的路程一般用九来表示。如，一九路，即九里路，三九路就是廿七里。过去人们估计路程，只是大略，并不精准。例句：俞塘到德清大概两九路；洛舍到菱湖有三四九路嘎样子。

四、表示人的量词

表示人的量词当然是用个、位这些词，但德清话里有两个搞笑的量词，只、段。

只，在现代汉语里，一般表示动物和其他事物。德清方言里，只字几乎滥用。飞机、航空母舰这些大型物件，用只。蚂蚁、跳蚤这些小型昆虫也用只。一只黄牛，一只骆驼，一只日光灯，一只电饭煲，一只台子，一只大学，四只海，全世界四只洋……

很随意，但搞笑的是，德清话中，表示人时也用只。

例句：

格对夫妻养了三只细丫头。

格只老太婆脾气蛮古怪。

三只老头子在门角落里晒太阳。

从例句中，我们大致可以看出，用只来表示人的数量单位时，具有轻慢意味。我们不妨验证一下：

"今朝（看见的）这个新娘子相貌蛮好"与"今朝（看见的）这只新娘子相貌蛮好"两句，后者明显有轻佻不敬的意味。

段用作表示人的数量单位时，明显带有嘲讽、取笑的意味。

例句：

你这段人，真不灵！

这段老头子蛮勒揩（这个老头很刁蛮）。

数量词，一般比较严谨规范，但德清话中的数量词，词汇丰富，用法灵活，含义奇妙，听来非常有趣。

┃思考与实践┃

1. 德清话里为什么会有那么多稀奇有趣的数量词，选择一两个，说说你的理解。

2. 德清话里的数量词非常丰富，你不妨留意身边，再搜寻、记录一些。

水乡暮色（洛　舍　2016 年　倪有章　摄）

第六节
拣鱼白相点 —— 德清话里有趣的动词

人和动物的行为千变万化林林总总，所以动词也就多姿多彩。让我们感到有趣的是，德清话里的动词更是五花八门。

一、万事一"弄"

弄作动词，有摆弄、做、搞、取等意思。德清话里的弄，意思比现代汉语的还要丰富。

比如：

玩、把玩 —— 弄白相

搞不清楚 —— 弄不灵清

不会干事 —— 弄不来

赶来赶去 —— 弄来弄去

搞点钱 —— 弄点钞票

使坏，让人晦气 —— 弄钝人家

麻将不会搓 —— 麻将不会弄

我要整死他 —— 我要弄煞伊

……

许许多多的动作行为，都可以用弄，真所谓万事一"弄"。

二、细腻的手上动作

人的手上动作最为丰富。德清话里的手上动作，虽然有许多无法对应合适的字，但意义很明确。举例如下：

掼，音 [gue]，阳上，是手臂伸出用手掌击打人家的动作。如，掼个头颈节；掼一顿。特征是有手臂甩的动作。掼阳去时，读作 [gue]，是扔的意思，如"掼掉"。

支，音 zi，阴平，是手握拳头往前击打或者以头往前顶的动作，以及其他类似情状。如，支了伊一拳头。用作表示其他动作时，有撑、顶、拱等意思。

揲，音 do，阴入，是手捏（握）物件扔出去的动作，近义扔。如，揲石头。

乄，本音 du，阴平，方音为 do，阴入，是手指头或指关节敲击桌面的动作。

挔，音 die，阴入，用大拇指和食指指头指甲掐，着力点很小。不同于掐，掐动作较大。如，我今朝被同学挔了一把。

捏，音 nie，阴上，是用大拇指和食指指头（指肚）掐住对方皮肉，然后一拧的动作，但意义并非现代汉语捏的本义。如，我今朝被同学捏了一把。

揸，音 ta，阳入，是用手掌、指肚涂抹的动作。如，面孔上揸点香粉。

掴，音 [gua]，阳入，打人巴掌、耳光、头颈的动作。意思接近"掼"。

撸，音 lu，阴上，用手掌抚平物件，或聚拢细碎物。动作的特征是以手掌向外收拢或向内推开，动作比较细腻轻柔。如，台子上一堆黄豆撸撸拢；毛毯上的毛撸撸顺。

捋，音 la，阴上，张开手指以指甲抓耙，是打斗中的一种侵害性行为。如，面孔上被小明捋了一把，捋开了（抓破了）。

撮，音 ce，阴上，拇指和食指等两三个手指取小物的动作。如，撮个螺蛳吃吃。

捩，音 lie，阳入，捏住或握住再用力扭转。如，伊捏牢阿狗一个手节头捩了一捩，阿狗的手节头就闪了。

扽，音 deng，阳去，将物置于手心，抬手掂量分量。

拗，音 [ŋa]，阳入，两手握住条状物将其折断的动作。

敊，音 [tv]，阴上，两手扯住软物反复上下抖动。如，衣裳上全是灰尘，拎起来敊敊清爽。

三、几个脚上动作

人腿脚的主要功能当然是行走。在德清话里，表示腿脚行走的动词就有些特别。

我们举几个典型的例子。

跑，在现代汉语里，跑的主要义项就是两只脚或四条腿迅速前进，如赛跑；还有逃跑这些意思。德清话里的"跑"，没有以上两个义项。就是《现代汉语词典》里的义项③，走。如，跑过去，就是走过去，并没有迅速跑的意思。

"跑"在下舍、勾里一带，还有一个读法：迢。

那么，德清话里表示迅速前进的动词是哪个字呢？

是趱，[ze]，阳去。趱的原意就是赶，快走。如，趱来趱去；趱得嘎快。

四、几个特殊的行为动作

缸（有人写作跭），音 gang，阴平，是人或动物从狭小、低矮地方如洞穴、缝隙里钻的动作行为。本字不确定。如，洞洞里缸过去；桥底下缸过去。

过，方音 gu，阳去，吃食物时用辅食、流质食品或水送服、拌吃。如，过饭；用饮料过过；吃药时用开水过过。

隑，[gæ]，阳上，倚靠的意思。如，隑啦墙上；隑啦我身上。

但是临杭一带、西部山区的隑，还有站立的意思。如，你隑牢好做啊事？

抲，ka，有人写作抲，也读作 kuó，阳去，抓。捕鱼称抲鱼，抓住叫抲牢，捉强盗叫抲强盗。

白相，[bəxiang]、[bexiang]，有玩、休息等意思。如，讲白相（讲着玩，聊天）；今朝白相（今天休息）。

五、一些消失的农活

江南的农活名称非常多，有的在现代汉语里根本没法找到对应的词汇。比如：

捻泥：又叫捻河泥，用竹制捻篰掏取河里淤泥。有清淤、积肥等作用。现代汉语普通话中写为罱河泥。

搬调：将从河里捻上来的淤泥，从船里经构筑好的沟渠用人工手法逐段舀运。使用的工具是木制簸箕形的抲篰，从船上舀运至田地，大致分为三五段。古语里有搬调一词，意思是搬弄是非，两个搬调完全风马牛不相及。

掼稻：成熟的水稻割下来后，手握根端一大把，将谷粒甩打入谷桶。掼，这里是用力甩打的意思。

挹蚕：给蚕投喂桑叶。挹，方言音为 yí，应该就是喂的方音。

落茧：将茧子从结茧器物（一般由经去除草叶的稻草茎捆扎做成，乡语称为"山""毛墩稻草"）采摘下来。

斫草：用草刀割草。斫念"作"。

斫柴：用柴刀砍柴。但斫和砍并非同义，这里斫有割的意思，而砍则是用大型刀斧猛剁的意思。两者不仅用力方向不同，力度也不同。

随着农业机械化程度越来越高，农业产业结构也在不断调整优化，这些曾经的农活，现在大多数都消失了。进而，即将消失的农活词汇也必然会越来越多。不久的将来，小伙子捻泥，囡儿子搬调，阿爹儿掼稻，阿娘儿落茧，小把戏斫草……这些语言就要变成"外语"了。

思考与实践

1. 本小节学了德清话里的许多动词，实际上，我们只是举了些例子，你可以沿着例子，继续逐项探究，做好记录。

2. 请看下列动词，看起来似曾相识，但在德清话里的意思到底是什么呢？不妨向长者调查一下。

干山老街（干山　2010年　楼其梁　摄）

弄怂（　　　　　　）　　　弄钝（　　　　　　）

扡（分量）（　　　　　　）　抹身（　　　　　　）

出空（　　　　　）　　　　尥（liao，去声）一脚（　　　　　　）

啰唣（　　　　　）　　　　乱说（　　　　　）

推艄（　　　　　）　　　　扳艄（　　　　　）

惹厌（　　　　　）　　　　惹魇（　　　　　）

第七节
咯人真结棍 —— 德清话里一些特别的形容词

应该说，各地方言都是特别的，我们德清话中的特别之处特别多。上文我们已经阐述过，德清话几乎乡乡不同音、里里不同义。有一些形容词，几乎是德清话独有的，有的只有少数地区的少数人在用。我们说它特别，在于这些形容词意涵丰富，也十分明确，但我们很难探究出一个确凿的字，也很难弄清楚这些方音词的渊源。

这些词非常多，这里我们只能举一些例子。

[dʒʌ]，方音近斜，最接近的音是用方言读扑克牌中的"J"，将"J"读为"J勾"时的第一个音节。到底是哪个字无法确定。目前德清学者大致有黠、厰、奰等几种写法。黠只能说是借字，意义相交而已。后两个是生僻字，并已废止，无法查到它们本字的意义。这个字在德清话里使用非常普遍，频率非常高，意思也非常明确，就是强、聪明、机灵、厉害的意思。可以形容一个人比别人厉害，也可以说老年人身体很棒。有时也暗示有的人善于取巧，有贬义成分。本节例句用"J"来代替。例如：

伊真 J。

小明搭小强比起来小强 J 嘎点。

阿婆九十多岁了，还蛮 J 好来。

伊 J 撒，官场上混得蛮好（含贬义）。

结棍：很厉害。也是德清人常用的方言词。语义比"J"稍微狭窄一点，特指很厉害，含有钦佩、夸奖和揶揄意味。例句：

唔，你这个人结棍哎！

结棍，还有身体健壮的意思。如，这个小伙子结棍；或他结结棍棍，力气真大。

虾咋，音 xiaza，阴平，聪明能干，处事干练，也指老年人身体健康。有人写作獬扎、獬（玁）。这个词使用范围比上述两个要狭窄得多，一般在老年人中使用。

写意，音 xiayi，阴上，yi 为轻声，意思接近惬意，有舒服、幸福之类意思。使用频率非常高。如，你真写意；写意得来。

晏，本音 yan，去声。方音读作 [e]，阴去。意思同晏，迟、晚。如，今朝晏台，好困台；你来晏台。

籸，[ʃæ]，阴平，痒。使用频率也非常高。如，几日不汰头，籸撒台（几天不洗头，痒死了）。本字疑为瘥。

浮腻：[vuʒi]，阳平，因轻抚身体敏感部位而产生不适的生理反应。如，呵浮腻（呵痒痒）；身上浮腻撒台（身上浮腻死了）。有人写作浮疤。在普通话语境中写作痒，但意义不一样。

嗷食，[ŋɔːzə]，馋，贪食。有人写作馈食，而嗷字，本义有羡慕之意。

▌思考与实践 ▏

1. 德清话里的形容词非常丰富，有的很特别，比如萨灶、起架形、推扳、凋跷……这些到底应该用哪些字来写，很难确定。你可以自己深入思考、研究。

2. 请看下列形容词，它们看起来似曾相识，但在德清话里的意思到底是什么呢？不妨向长者调查一下。

巴结（　　　）		包家（　　　　　）	
安耽（　　　）		好过（　　　　　）	
松爽（　　　）		百坦（　　　　　）	
冰洇（　　　）		倒灶（　　　　　）	
糊涂烂洇（　　　　）		帮铁四硬（　　　　　　）	

耕　作（武康对河口　1997 年 3 月　楼其梁　摄）

第八节
好 杰 —— 德清话里复杂的助词

先说两个小故事。

一、他的外号是"好杰"

乾元职高举办之初，有个烹饪班，班里全是男生，东部西部什么地方的同学都有。有一次，男生们在一道啰嗦，闹得不可开交。一个文气的戈亭同学就规劝大家，"好杰好杰，老师要来杰！"

其他同学从来没听说过"好杰"是什么，就觉得很稀奇。从此大家给这个戈亭同学取了一个外号——"好杰"。

二、"吃饭了哓"

一位德清籍同学去平湖读师专，同学之间说的虽然都是普通话，但难免带有一些方言词汇。有一回，他问同学："吃饭了哓？"

嘉兴一带同学觉得不理解，为什么要带个"哓"？

他就解释一通，"哓"相当于"吗、吧"。人家还是不明白。从此以后，这个"哓"字就被嘉兴一带的同学拿来滥用，说什么话都带个"哓"字。

我们去看电影哓。

我们打羽毛球哓。

明天去乍浦玩哓。

……

成为趣话。

以上两个故事，说明了助词的丰富性和趣味性。

助词是独立性很弱、意义很不实在的虚词，附着在其他词汇、词组，或是句子上，后附的助词都读轻声，起辅助作用。通常用于句子前、中、后，表示各种语气；或是用于语句中间，表示结构上的关系。

助词分结构助词、时态助词、语气助词、比况助词等几类。

上面第一个小故事里"好杰"的"杰"是时态助词，相当于"了"；第二个小故事里的"晓"，是语气助词，相当于"吧"，但有征询、疑问意味。

下面我们这里举例说说德清话里的常用助词。

了，时态助词，表示动作或变化已经完成。这个意思在德清话里有多种读音。

台 [de]，德清大部分地区。

杰 [dʒe]，戈亭、洛舍接合处一小片。

吔 [ye]，戈亭一带，应是"杰"的变音。

吴方言书面语境里，一般写作特、脱、忒、台等。

的，结构助词，德清话里有几种读音。

哦 [ɔ]，德清大部分地区。

呃 [ə]，钟管、戈亭。

唉 [e]、[ə]，变化细微。东部，新市一带。

咯 [ge]，吴方言书面语境中一般写作个、咯、格、哦等，德清大部分地区。

吗，疑问语气词，德清话里大致有以下几种读法。

乏 [va]，[fə]，德清大部分地区，如，我不去来撒乏？（我不去行吗）

乏啦 [vəla]，[fəla]，德清大部分地区，用法基本同"乏"。如，一块桑去好伐啦？（一起去好吗）

哇，音 wa，新市一带。如，你去哇？

在吴方言书面语境中一般写作"哦"。

吧，用法有三五种，有时在德清话里显示不明显，我们就用表示不确定、猜测、估计意味这层意思。

晓，[xɔ]，如，伊年纪蛮大太晓。（他年纪很大了吧。）明朝天要晴台晓。（明天天要晴了吧。）

其他用法和"吗"接近。

思考与实践

1. 不起眼的助词也很有趣。几个不同地方的人聚在一起说话，就会出现不同的口音。平时生活中，如果有同学经常说方言，你就会感受到其中的趣味。

2. 简单分析下面语境里的几个助词。

罱河泥（20世纪60年代　德清县档案馆提供）

咯部车我呃（　　　　　　　　　）

慢慢较（　　　　　　　　）

雷打得蛮响，小人逃咯逃，哭咯哭（　　　　　　　　　）

好之嘎（　　　　　　　　）

你跑过来咔（　　　　　　　）

你明朝读书去伐（　　　　　　　　）

伲呃儿子读大学去忒（　　　　　　　　）

第九节
吭嗙郎当 —— 德清话里有特色的副词

顾名思义，副手肯定是为老大干活的。副词呢，就是为动词、形容词服务的，起到修饰或限制动词、形容词的作用。它是怎么服务和起限制作用的呢？比如：都死啦。这里的"都"就是说了死的范围。又如，非常漂亮。这里的"非常"就是说漂亮的程度。所以，副词大致就是表示范围和程度的。

德清话里的副词，许多都很有"德清特色"。

吭（hang）嗙郎当，全都、全部的意思。当然，这个词的实际意义也比较明显，接近于全部算起来、都包括在内这层意思。例如：伢班级里吭嗙郎当四十五个人。

一搭刮子，全部，全都。意思基本和吭嗙郎当一样。

特为之嘎，特意，故意。例如：今朝我是特为之嘎来看你哎。

毛毛较，大概。例如：这条大鱼毛毛较十来斤重来。

原旧，仍旧。

原反，仍旧。

再发，再。

就噶，立即，马上。

撒，表示动作行为和情状的程度到了极致。例如：我高兴撒台！（我高兴死了！）表示高兴的程度到了极致。伊被啦敲撒台。（他被人家打死了。）这里的撒，不一定指死，只表示被人打的程度之高。

吧掉，[bɔdo]，表示动作行为的终结结果，有完、掉的意思。例如：这杯酒你搭我吃吧掉。（这杯酒你给我喝掉。）我朋友汽车撞吧掉。（我朋友的汽车撞坏掉了。）

得来：表示程度之高。例如：格两只细丫头真是哆得来。（这两个小姑娘真是哆得很。）这个人啊，最近真是红得来发紫。（这个人啊，最近红得不得了。）

混特：非常，极，但也有明显的实意，有非常多、非常好、非常等意思。例如：喇两个人混特嘎好。（他们两个人非常好。）报考公务员咯人混特！（报考公务员的人真多啊。）

忒嘎：太。例如：倷厂里工人工资忒嘎低台。（你们厂里工人工资太低了。）

奇巧：恰巧，刚好。例如：伢表姐搭我上海带件衣裳来，我着好奇巧明工。（我表姐给我上海带一件衣服来，我穿了刚巧正好。）

在现代汉语语法里，副词相对不好理解。德清话里的副词，说它有特色，是因为这些副词的使用范围不广；说它有特点，是因为这些副词里，有许多意义已经非常实在，接近于形容词和动词。例如：

海歪，可以说成海歪多（副词），也可以直接说海歪（形容词），表示非常多的意思。同样一个词，海歪奇待，可以直接表示非常多（形容词），也可以说成海歪奇待嘎多（副词）。

还有一个交关，同样兼有两重词性。既可以解释为非常（副词），也可以直接说交关（非常多，形容词）。

思考与实践

1.德清话连副词都这么有趣。试着从生活里搜集一些，看看它们是不是具有课文里所说的特征。

2.下面几个词，来源于德清话，试着分析一下它们的意思，看看它们的词性是不是也很灵活。

河埠头（武　康　1994年　楼其梁　摄）

哎板（我不高兴去伢阿爸哎板叫我去）（　　　　　　　　　　　　　　）

别得（获一等奖别得我一个人）（　　　　　　　　　　　　）

那嘎（喇两个人那嘎好来）（　　　　　　　　　　　）

第十节
歪嘴摇橹 —— 德清话的具象性

汉语具有具象性。

我们的汉语喜欢用直观、形象的方式来反映客观事物，通过意象组合的方法使语言表述富于图像化，表意更加生动。这就是汉语的具象性特点。

德清话的具象性非常鲜明突出。这是因我们的先民在不具有较高文化水平的情况下，善用形象思维形成的。人们乐于以具体、实在、表象丰满的客观事物，作为有着丰富内涵的词义的外形。

例如：

拖鞋爿 —— 闲散人员，不务正业者。表象里有穿着拖鞋闲逛、浪荡不羁的形态。

老甲鱼 —— 历练丰富、老奸巨猾的人。表象里有四平八稳善于察言观色的神态。

鸡盲眼 —— 眼睛模糊不清的人。表象里有像黄昏的鸡视觉不清的形态。

勒死吊死 —— 形容过度的急急忙忙，具有嘲讽意味。表象是被勒住或者吊住脖子的人，将死而极度恐慌奋力挣扎的情状。以此夸张急急忙忙的情状，极为形象。

踏沉船头 —— 去踩踏即将沉的船头，致使船加速沉没。比喻乘人之危加以陷害。表象就是船将沉，却又踩上一脚。

隔夜饭都吐出来 —— 形容恶心至极。表象里有极度让人恶心的状况。

五个节头甩得六样桑 —— 五个手指甩成六个的样子。讽刺夸夸其谈的人手舞足蹈的夸张模样，形象非常生动。

德清话里的具象性特点，在视觉、听觉、嗅觉、味觉、触觉方面都有许多语汇相对应，体现在有些概念、词语、短语和俗语中。

例如：

概念方面 ——

猪头、犊头、狗头、猢狲精……这些概念在德清话里所表示的意象，与这些事物本身的特征是高度一致的。

猪头 —— 像猪一样傻头傻脑不长脑子的人。

犊头 —— 像小牛犊一样呆头呆脑又具有攻击性的人。

狗头 —— 像狗一样精明险恶又遭人嫌的人（语境里取狗的负面形象）。

猢狲精 —— 像猴子一样机灵吵闹闲不住的人。

词汇方面 ——

视觉：

精光萨亮 —— 非常光亮。

滴溜四圆 —— 非常圆。

黄眼白乌珠 —— 形容用极度鄙夷的眼光鄙视别人。

人瘫马乏 —— 形容一个人极度疲乏。

蚜蚜动 —— 形容年迈老人老态龙钟，行动非常不便、缓慢。与蚜虫爬行蠕动的形象极似。

听觉：

哗天倒地 —— 许多人在那儿哇里哇啦吵翻天地，非常形象。

倒翻鲇鱼 —— 鲇鱼本身具有张大嘴巴吧唧吧唧的形态，一桶或者一筐鲇鱼倒翻，众多鲇鱼张大嘴巴在那儿，乱哄哄乱糟糟一片。用以讽刺嘈杂喧哗、夸夸其谈到了极致，令人生厌。

乒乓呱啦 —— 用以表示乒乒乓乓的乱糟糟的各种声音。

味觉：

甜滋滋 —— 尝到甜味时的表象。

咸兮兮 —— 尝到咸味时的表象。

苦咦咦 —— 对苦味的形象表述。

没有咸香没有屁臭 —— 味道不显的形容。

嗅觉：

鸭屎臭 —— 比喻计较极细微的利益。德清先人如何将两个意象联系起来，无从查考；但以此讽刺那种爱计较一些不值得计较的事情的人，非常形象。

触觉：

糙兮肤撸 —— 表面粗糙的触感。

糜软柿涂 —— 表皮很软近似糜烂的柿饼的触感。

绑铁四硬 —— 像铁一样坚硬。

精光滑塌 —— 非常光滑的触感。

在德清话里面，形象生动的语汇丰富多彩，举不胜举。

如歪嘴摇橹、污渍疙瘩、卵泡气胀、挥丢郎当、混天倒地、横霸淘淘等等，这些词汇的意义，我们甚至只需听声音、看字面就可理解其丰富的意涵。

▌思考与实践 ▏

1. 汉语言的具象性几乎是其他语言所无法比拟的。德清话里的形象性词语非常丰富，平时要多关注。

2. 下列这些词语形象性非常强，请根据形象，说说它们大致的意思。

长桥旧貌（20世纪70年代　乾元文史馆提供）

软耳朵 ——

颓饭瓜 ——

痢痢头梳头 ——

钉头碰铁头 ——

瞎猫呔死鸡 ——

鲞鱼钓白鱼 ——

盲子摸啦稻田里 ——

第十一节
"洋煤头"——德清话里的"洋货"

"洋货"并非德清固有，也非德清独有。

过去的中国，由于处在半殖民地半封建的社会形态下，经济萧条，以自给自足的自然经济为主。很多日常用品都是从国外买来，方言中对从国外买来的东西都要加个"洋"字。比如，火柴叫"洋火""洋煤头"，煤油叫"洋油"。另外，有的蔬菜最早应该也是从国外引进的，也加"洋"字，如"洋芋艿""洋葱""洋番薯"等。

以下带"洋"字的词语，现在依然在德清流传——

洋机 —— 缝纫机。

洋肥皂 —— 肥皂。

洋蜡烛 —— 蜡烛。

洋钉 —— 铁钉。

洋锹 —— 铁锹。

洋镐 —— 鹤嘴镐。

洋灰 —— 水泥。

洋楼、洋房 —— 西洋式楼房。

洋夹 —— 皮夹。

洋伞 —— 原指用铁做伞骨的伞。

洋片 —— 西洋镜，幻灯片，一种印有图案的玩具小纸片。

洋铁皮 —— 铁皮。

洋货担子 —— 货郎担。

因为在半封闭的中国社会，国外引进的代表一种时尚。所以，凡是与时尚有关的事物后来也都被赋予"洋"字。

洋气 —— 原指带有国外风格，现泛指大气、气派。
洋头洋脑 —— 往往形容那些穿戴时尚又有些张扬的人。

另外，大概因为外国人初入中国时，不懂乡俗，不谙世故，经常会在中国闹出一些笑话，或者被嘲弄。于是，有关此类情况也会带"洋"字。

出洋相 —— 出丑，现丑，闹笑话。
洋伴 —— 过于追求时尚的人，或者因不谙世俗被人愚弄的人。

还有许多情况，大致由"洋"的原意引申开来。
发洋财 —— 原指在与外国人有关的活动中发财，后泛指获得意外的财物。
开洋荤 —— 第一次吃到。
磨洋工 —— 故意拖延时间，不干或少干活。

以上这些带"洋"的事物，都有历史的烙印，现在变成方言词语，也未尝不是一种"非物质文化遗产"。从这里，我们可以很清晰地感知到，一个地区的语言是如何形成的。

思考与实践

1. 这一小节我们阐述了带"洋"的事物，它们最初都应该与国外有关。我们不妨由此推导开来，我们这里的许多词汇，是不是都是在历史的长河里，从四面八方汇入的呢？

2. 请去民间做一些调查，下面这些词语是不是还在用，它们各是什么意思。

老灶头（洛 舍 1995年 楼其梁 摄）

洋钿（　　　　　　　　　　　　　　　　　　　　　）

洋袜（　　　　　　　　　　　　　　　　　　　　　）

洋布（　　　　　　　　　　　　　　　　　　　　　）

洋娃娃（　　　　　　　　　　　　　　　　　　　　）

洋铅丝（　　　　　　　　　　　　　　　　　　　　）

洋铁面盆（　　　　　　　　　　　　　　　　　　　）

第十二节
昂呹呹心肝头 —— 德清话中的婴音童语

先看看这些词语：

吃饭饭，睡觉觉，乖宝宝，囡囡……

这些都是成人（或少儿）与婴幼儿交流时的特用词汇。词汇中体现了长者对婴幼儿的呵护疼爱，让人听来备感温暖。几乎所有人在成长过程中都得到过这样的呵护。于是，一种特别的语言千百年来就这样流传下来了。

我们不妨把这种用语称作婴音童语。

德清话里的婴音童语非常有特色，充满温情。根据婴幼儿的年龄（月龄）段，我们可以将这种婴音童语分为两类。

一、婴儿期

昂呹呹心肝头 —— 一般是成人怀抱婴儿，或者以手轻拍婴儿，安抚其睡觉或者平息其哭闹时使用。形式是成人模拟婴儿的声音自言自语，配以眼神和动作交流。

因婴儿还不会讲话，这些词汇都只是以表示呵护疼爱的某些音节为主，一般语气温存，声音轻缓，配以轻拍、抚摸、摇晃等动作。它的功能接近摇篮曲，而且，不少轻轻哼唱的语汇加上简单的韵律，就具有摇篮曲的雏形。

二、低幼期

阿伊（音调同鞋子）—— 鞋子

芒芒（音调近婴儿吃食时的口音）—— 吃

咯咯（lolo，阴平，音调表情表示厌恶）—— 垃圾，脏

哩咯哩咯（意象同咯咯）—— 邋遢，脏，垃圾

高高鸡（音近鸡叫声）—— 鸡

嘎嘎（[gaga] 音近鸭子叫声）—— 鸭子

咩咩（音近羊咩声）—— 羊

[gogo]、稿噜噜（[golulu] 音近猪叫声）—— 猪

陌陌人（音近陌生人）—— 陌生人

伽 [dʒʌ] 结（声音含鼓励婴儿走路意象）—— 教婴儿走路时的用语

央央（音近衣裳）—— 衣服

啊呜（音近夜猫叫声）—— 恐怖物，野猫

咕咕 [gugu] 困（音近睡觉呼噜声）—— 睡觉

呼呼（音近睡觉呼噜声）—— 睡觉

呜哇（音近疼痛时的叫喊声）—— 疼痛

呜哇痛（音近疼痛时的叫喊声）—— 疼痛

贡飞（[gongfi] 音近禽鸟振翅声）—— 禽鸟飞

……

低幼期幼儿在身心方面飞速发育，此类词语往往是长者（家庭妇女为主）在儿童启蒙时发明和使用的交流工具，都具有拟声会意甚至象形的特征，是过去家庭妇女的一大创举，也是如今早期教育最常用、最有效的方式之一。

思考与实践 |

1. 学习了本小节，我们大致了解到成人在与婴幼儿交流时，都会使用婴幼儿会听、能说的最简单音节的词汇。那么，我们是不是可以由此推导开来，在生活中，像妈妈、爸爸这些词汇，音节也如此简单，这些词的创造是不是也与婴儿最初的发音特征有关呢？

撩水草（洛 舍 2006 年 楼其梁 摄）

2. 有人认为，成人和儿童进行语言交流时，完全不必要用童言童语，包括语调，可以直接用成人交流的方式。对此你有什么看法？

第十三节
饭吃好快台 —— 德清话的特殊语法

我们讲话的时候，语言的组织是有规律的。一句话当中，词语怎么使用、词和词之间如何排列组合都有讲究。这种讲究就是语文老师说的语法。

德清话和现代汉语普通话相比，在语法问题上会有许多不一样的地方，主要体现在用词、造句方面要比普通话更灵活、更丰富。

德清话里的语法特点，主要表现为以下情况。

一、词性灵活

德清话里的许多词汇有很多种意思，有一些概念内涵不稳定，外延模糊，词类的活用相当普遍。

如"钝"字，基本意思是不锋利。德清话里除了这层意思之外，还引申为郁闷、懊恼、委屈等意思，为形容词。例如：

今朝真钝！—— 今天真委屈！今天吃亏了！或今天真气人！

这件事体你钝哦。—— 这件事情上你是受委屈了。

以上是形容词用法。"钝"同时又有使人家"钝"的使动用法，有钝光、钝卵、钝七钝八这些动词。

钝光 —— 以讽刺挖苦、说反话、挪揄、取笑的语言与人交流。

钝卵 —— 表面看似顺着人家意思，实际是表示不满、不配合等相反的意思。类似于相声里的抬杠，修辞里的说反话。

钝七钝八 —— 反复地用讽刺挖苦等语言说别人。

词性灵活的例子非常多。如：

交关

作副词时，是非常的意思。如，交关好。

作形容词时，是很多的意思。如，交关人。

海歪

作副词时，是非常的意思。如，海歪远（非常远）。

作形容词时，是很多的意思。如，海歪路（许多路）。

二、语法灵活

语法方面，德清话的语法比普通话灵活许多。

例如：

衣裳着好！—— 穿好衣服！

上海一个钟头就到台。——一个小时就到上海了。

饭吃好台伐？——吃饭了吗？

你钢琴会弹啊？——你会弹钢琴啊？

——以上例句就是宾语前置的情况。

德清话当中经常有一些特殊的句式，例如：

鼻本书我。——给我一本书。

你读书加把劲嘎读。——你要认认真真读书。

还有一些句式比较复杂，例如：

伊啦廊下头立起好。——他在廊下站着。

中饭吃过台伐你？——你中饭吃过了吗？

我条皮带比你条贵。——我这条皮带比你的这条皮带贵。

德清到快台。——德清快到了。

我到上海去过。——我去过上海。

三、语义丰富

上面说过，德清话里的词汇意思非常丰富，几乎达到了不着边际的程度。

如前面说过 [dʒʌ]（有音无字），方音近斜的那个字，最基本的意思是能干、厉害。但说人的身体棒，性格善于投机取巧，狡猾、聪明等都可以用这个字。同时，这个字还可以用作动词，如伊~过啦阿爸——他比他爸厉害。

德清话语法上的灵活性应该是由历史的、社会的原因造成的。有史以来，人们进行语言交流的方式，最主要的是口头交流，书面规范并不具有强大的影响力。而口头交流在语音、语义、词性、句法等方方面面都会具有非常大的随意性，这就出现了许多特别的方言语法。

思考与实践

1. 语法的灵活性是汉语普遍存在的，我们的方言只是表现得更为突出而已。结合德清话语汇的特征，你能再举一些例子吗？

古桥新景（蠡山景区　2017年　倪有章　摄）

2. 试着解释下列词语的不同意思和这些方言句子的普通话读法。

高兴

你搭我同嘎去高兴伐？（　　　　　　　　　）

我今朝高兴撒台！（　　　　　　　　　）

污赖

这个人蛮污赖哦。（　　　　　　　　　）

这个人污赖人家一点点也好哦。（　　　　　　　　　）

混

我这个人真是有点混台。(   )

唷，混台，你拣忒嘎许多鱼啊！(   )

这条溪港里咯水清得来混哎！(   )

第 十 四 节
吃节剥节 —— 德清话中的"吃"

吃，在现代汉语里有十来个义项，第一个义项就是将食物放到嘴里经过咀嚼再吞咽下去的这个过程。

在德清话里，吃也有许多特别的意义。

一、真的吃，即吃的基本义

吃豆腐饭，吃丧饭。

吃花酒，跟异性喝酒，多指男性带有调情性质的饭局。如，这个花板，蛮喜欢吃花酒。

吃碰东，过去农村在农闲时间或者冬季丰收时节大家以 AA 制的方式聚餐。碰东，指大家碰在一起，共同做东。

吃朋格，是洛舍一带"吃碰东"的别称。

冬吃萝卜夏吃姜，郎中先生卖老娘，德清民间传说冬天吃萝卜、夏天吃生姜是非常有益健康的，大家都健康了，郎中先生（民间医生）自然就没有生意了，连老婆都要卖掉了。老娘，德清话是指老婆。

在这个意义上，德清话中的"吃"用法非常灵活。现代汉语里边表示吸、喝等动作，德清话都用"吃"来表示，如吃烟（吸烟）、吃酒（喝酒）、吃茶（喝茶）、吃水（喝水）等。

二、表示禁受、承受

吃牢，牵连到。如因牵连官司等不好的事情，被查办，被连累到。例如：这只案子伊也莫名其妙吃牢了。

吃扁/吃瘪，强迫屈服。欺压、欺负。

吃轧头，受到惩罚，受气。例如：人家闹事体，我也轧进去，结果吃轧头！

吃倒笃，责人反被人责，即被人反咬一口。例如：吃个倒笃。

吃闲话/吃嗉话，挨批评，被责问，被数落，被讥讽。

吃生活，挨揍。例如：你不要老头老脑，当心吃生活！

吃家生，被用器具打。家生（sāng），指打人的器具。

吃赔账，赔偿。

吃萝卜干，如打球等不小心手指扭伤。

吃三夹板，被多头责备、胁迫等。

吃空心汤团，比喻白欢喜一通，或者给人以虚假承诺。

三、引申的吃

吃豆腐，欺负老实人，过分戏弄人家。

吃隘饭，依靠别人吃饭，一般指游手好闲无正当职业。

吃白食，吃东西不给钱。

吃钵头饭，过去坐牢吃的是用钵盂盛的饭，指坐牢。

吃相，本义是吃的样子、姿态。很多情况下指一个人的腔调，含贬义。例如：这个人吃相真难看。

吃节剥节，吃掉一节再剥一节。比喻生活拮据，一边过生活，一边讨生活。

吃过用过，生活拮据，刚够过日子。

吃得邋遢，做得菩萨，自嘲的话，吃得脏一点没关系。

四、依靠、倚赖

吃牌头：有靠山，有依仗。

吃老米饭：干老本行，吃老本。

吃老子，着老子，无被盖老子：指女人嫁了老公，吃的、穿的一切都依赖老公。

吃得爹娘饭，不晓得柴米贵：指一些年轻人不懂得生活艰难，不懂珍惜，不知感谢养育之恩。

生活中，德清人"吃"的意义还要复杂得多。我们不一定能完全解释清楚，但是方言里词义的丰富多样性，让我们的语言交流更具有趣味性、生动性。

▍思考与实践 ▏

1. 注意观察生活，人们在使用方言时，是不是经常会有同一个词语可以表达多种意义的情况。

2. 下列语境中的吃各表示什么意思？试着解释句子含义（有的是歇后语）。

吃了三天三夜豆腐饭，不晓得死了个男还是女。

要好看，红与绿；要好吃，鱼与肉。

吃得酒，省得饭，敲得锣，省得喊。

吃饭怕噎，跑路怕跌。

老虎吃蝴蝶。

生吃毛笋。

打翻狗食盆，大家咊不吃（或"大家吃不成"）。

哑子吃黄连。

蜻蜓吃尾巴。

壶里吃酒。

老太婆吃芋艿。

清河旧景（20世纪60年代　德清县档案馆提供）

第五章

穷得有志气

——『德清话』正能量

本 章 导 读

　　紧接着上一章的"趣味"，本章讲述德清话的正能量。主要从方言俗语（谚语）的视角，分析一下德清"老古话"里蕴含的传统价值理念、科学精神和时代意义。

第一节
百善孝为先 —— 德清"老古话"里的传统核心价值观

　　有一句俗语叫作"不听老人言，吃亏在眼前"，启示我们要虚心听从老年人的教诲，这是有道理的。因为老年人相对于年轻人来说，虽然可能存在话语啰唆、态度固执、思想保守的一面，但实际上，在我们中华民族的传统里面，有着许许多多的优良传统，都是千百年来由劳动人民一代一代传承下来、发展下来的，既有经验提炼，又有教训警示，对年轻人在为人处世等方面都有警醒、劝诫、晓谕的作用。

　　这些"老人言"成为警句名言，在德清话里称作"老古话"。

　　在我们中华民族漫长的文明史里，孕育了成体系的传统道德价值观。向善、尚义、行孝、明礼、劝勤等，都是传统道德的核心价值观。地方方言里面，也会集中体现这一种精神价值。

　　在德清话里，传统道德中的孝敬、勤励几乎是核心中的核心。

　　无孝不成体统，不勤难以为继，中华文明生生不息，从未间断，这些核心价值就是密码，就是强大的基因。

孝敬在家庭中，表现为对长辈的孝顺，敬爱；在社会上，表现为对君王、国家的忠诚；在职场上，表现为对职业、职位的敬畏；在村野，则更鲜明地体现为在家庭范畴内的孝顺、敬畏、仁爱。

我们来看看下面的方言俗语。

百善孝为先。——孝敬长辈是所有美德中的首位。

好不过娘，甜不过糖。——突出的是母爱至上。

长病无孝子。——长久生病，晚辈生厌。这是讽刺行孝的不持久。

儿子不养爷，孙子吃阿爹。——儿子不赡养父亲，孙子又"啃老"。这是在讽刺儿子不孝造成的家庭"窘况"。

媳妇打阿婆，三世不做婆。——如果媳妇出手打婆婆，那是三世都做不了婆婆的。这里是对不孝儿媳的诅咒，从一个侧面告诫儿媳要孝敬公婆。

从上面这些俗语来看，虽然不少带有嘲讽意味，但从侧面说明了人们对孝的推崇，几乎到了至高无上的境界。

勤劳则主要表现为不误农时，勤勉治家。在德清话里，勤劳称勤励，是一种非常受人推崇的传统美德。下面这些俗语，就是关于勤励的。

早到早收场，晚到摸五更。——农事宜早起早作。

手脚不勤，吃着不匀。——不勤快的人吃穿都不正常。

猪困长肉，人困拆屋。——猪喜睡觉，长肉就快；如果人也老喜欢睡觉（偷懒），那就要拆屋，受穷。

六月不晒背，冬天要懊悔。——六月天，虽然酷暑难耐，但这也是播种的季节，如果播种季节不劳作，秋冬时节自然不会有好的收成，不会安享。

动动力出，缩缩病出。——经常劳作，力气会越来越多；相反，如果缩头缩脑不勤快，那是要生病的。

天上日头过，生活手里过。——不要误时，要勤快，活儿都是手上干出来的。

男人勤不勤，看田头；女人勤不勤，看灶头。——过去农村，男女劳作分工基本是男人"主外"，在田地里劳作；女人"主内"，主要做家务。只有内外都"勤励"，家业才会兴旺。

男勤无瘦田，女勤无破衣。——含义和上一句一样，男人勤快了，庄稼会丰收；女人勤快了，生活就有条有理。

田里多管，仓里谷满。——强调田间管理对于丰收的重要性。

勤能养家，勤能健康，这是过去人们最朴素的价值观，是千百年来最深切的体验。方言俗语中，这些"劝勤"的话语，从老百姓生活中来，又传导到生活中去，可谓谆谆教诲，语重心长。

▌思考与实践 ▏

1. 孝敬和勤劳，一个从精神层面支撑社会秩序，一个从物质层面保障社会运转。你觉得，这是不是过去人们最基本也是最核心的传统价值观？

2. 方言里的俗语，针对农事、家庭的比较多，这是由当时的社会结构决定的。请搜集一些关于勤劳、勤奋的俗语。

东衡新村（洛 舍 2017 年 倪有章 摄）

第二节
细水长流 —— 德清"老古话"里的持家要诀

方言土语有丰富的文化内涵。本小节我们再来说说除上一节孝、勤之外的另一个传统美德 —— 节俭。

我们先来看看德清"老古话"里关于节俭的名句：

细水长流，吃着不愁。

——细水长流是最为家喻户晓的俗语，德清民间一直喜欢将这四个字写在灶头上，或者家里其他显眼的地方，以便告诫家人，要时时不忘节俭持家。

一年烂饭买只牛，三年烂饭造间楼。

——过去持家，都是从省吃俭用开始的。甚至连煮饭的时候，都要多放一些水，这样饭就显得多，称为"烂饭"，和"烂饭"相对的是"硬饭"，"硬饭"因为放水少，自然就香，吃得饱。但如果常吃香喷喷的"硬饭"，这会被看作一种浪费。吃一年烂饭，可以节省买头牛，用于扩大再生产。吃三年烂饭，就可以多造一间楼，改善生活条件。可见，我们的祖先是如何的节俭。

家有金山，坐吃山空。

——这是在告诫人们，不要浪费。浪费的人，哪怕家里有金山银山，也会吃空。

省吃俭用日日富，浪吃浪用年年穷。

——这一句，同样说明了节俭、浪费与贫富的关系。

早饭早，田地不生草；晚饭早，省油省灯草。

——这一句说的还是勤快、劳作、节俭的关系。启示人们，要趁早劳作，管好田地，然后早收工，早吃晚饭，这样还可以节省下晚饭时间点灯用的灯油、灯草。

河近不可乱用水，山近不可乱烧柴。

——这句还是讲节俭持家的事理，告诉人们，哪怕目前生活资源丰富，也应该要节俭，要细水长流，不可乱用。

……

节俭持家的"老古话"还有许多。其中一些还包含了要有好的打算，要有用度计划的内容。

创人家好比燕子做窠，败人家好比荒山放火。

——说的是创家业难而败家事易。

吃不穷着不穷，无不打算一世穷。

——这里说打算的重要性。

麻雀也有三日隔夜粮。

老鼠也有过冬食。

——这两句意思一样，是说要有一定的粮食储备，要有生活打算。

▌思考与实践 ▏

1. 学习了上面关于节俭持家的"老古话"，有一些话几乎让我们听者动容。原来，几十年、几百年前，我们的祖辈、我们的先人是这样生活的。这一点也不假，你可以向父辈、祖辈了解，在他们小的时候，是如何秉持勤俭持家理念的？

2. 向长辈请教，并理解下面几句"老古话"的意思。

月初吃鱼吃肉，月底卤菜薄粥。

出门西装一套，进门捧只缸缸灶。

上街充老板，回家吃冷饭。

吃饭捧罗碗，跑路怕腿酸。

磨剪刀（东门严氏　2019年　楼其梁　摄）

第三节
三兄四弟一条心 —— 德清"老古话"里的齐家理念

家庭是社会的细胞，中华民族历来重视"齐家"，形成了许许多多关于"齐家"的理念。家在哪里？家在社会底层，在农业社会，主要在乡村。

家是什么？家是父母兄弟，家是远亲近邻，家是世代传续。

因而，在中华民族传统里，关于"齐家"的理念，实际上就是如何管理和经营好上面的三组社会关系：家庭成员之间，亲邻之间，先辈与晚辈之间。

来看看德清话里有关的俗语。

三兄四弟一条心，门前黄土变成金。

—— 讲兄弟团结。

夫妻有情义，不怕无柴米。

—— 讲夫妻和睦。

住要好邻，行要好伴。

—— 讲睦邻友好。

两好佮一好，才能好到老。

—— 讲相互谦让。

宁与千人好，不与一人仇。

—— 讲与人为善。

婆媳亲，全家和。

—— 讲婆媳和谐。

……

俗话说，"清官难断家务事"，说的就是家里的事最难处理好。很多情况是

"公说公有理，婆说婆有理"。家庭成员的关系，夹杂着情感的、性格的、习惯的和财产的等多方面因素，稍有不顺，就容易产生隔阂、矛盾。而家庭一旦有隔阂与矛盾，那就会影响整个家族、整个生活状态的和谐幸福，甚至会将家庭的不幸蔓延到社会。所以老百姓在长期的生活体验中，认识到了家庭和睦的重要性。

三兄四弟一条心，门前黄土变成金。

——说的是兄弟团结对于家庭是多么重要。你若不团结，必会招致家庭不幸；你若讲团结，黄土也会变成金，家业必然兴旺。如此语重心长，兄弟理当受用。

夫妻无不（没有）隔夜仇。

天上落雨地上流，夫妻相骂（吵嘴）不记仇。

——这两句告诫夫妻，夫妻相骂（吵嘴）当属正常，因为两个从不同家庭走到一起的人，必然会有性格、家族观念、情感等多方面的差异与冲突，必然要经过长时间的"磨合"。所以，夫妻"相骂"就不该记仇。

夫妻有情义，不怕无柴米。

柴米夫妻，酒肉朋友。

——这两句在说夫妻重情重义的重要性。

前半夜想想自家，后半夜想想人家。

——这一句说的就是人和人之间要经常设身处地替别人想想。如此，一切都好。

吃得盐和米，讲的情和理。

——这一句说的就是人和人之间要讲情义，讲道理。只要情义、情理在，还有什么过不去的？

远亲不如近邻。

——这是一句最常用的俗语。远亲虽亲，可是天天相处在一起，近邻也可能有隔阂，这就需要互谅互让。这一句俗语，就是告诫人们重视近邻关系。

一只碗敲不响，两只碗响叮当。

——晓谕人们，相互谦让，如有摩擦，各有不是之处。

若要好，大做小。

——为了和谐相处，有时候长者需要大人大量，摆出"做小"的姿态。

不怕别人看不起，就怕自己不争气。

穷要穷得有志气，活要活得有骨气。

学好一世，学坏一时。

——这些俗语告诫人们，人在成长过程中，什么是最重要的。

齐家，关系到人际关系的方方面面，德清话俗语几乎涵盖了我们所应经营的家庭关系、社会关系。

过去和今天，我们都很重视家风家训，德清俗语给了我们很多有意义的启发。

▎思考与实践 ▏

1.家庭成员关系非常重要，是一门学问。试想，两个"别人家"的人要一起相处，不注意如何相处的学问，那怎么能经营好家庭？有人会说，不合就分呀。不错，人权自由，可分可合。但是分能解决一切问题吗？问题的根源在哪里？我们能从方言土语里得到什么启发吗？

纳　凉（武　康　1993 年　楼其梁　摄）

2.劝人和善、和睦、和谐的俗语还有许许多多，平时多留意，搜集一些，看看对自己有什么启发。

第四节 先落航船晚上岸 —— 德清"老古话"里的处世哲学

人都是社会人。所谓处世，就是指待人接物，应付世情，与世人交往相处。

中国人很讲究处世，处好了"世"，你就拥有和谐幸福，你就拥有成功。我们这里说的处世，不是提倡大家精于世故，圆滑庸俗。我们要从方言俗语的角度，去看看市井乡野之间那些朴素的处世价值观。

来看看下面的俗语。

快快活活活条命，气气闷闷闷身病。

—— 提倡做人处事要乐观豁达。

只要坐得正，不怕影子歪。

不做亏心事，不怕鬼敲门。

—— 此两句劝人行为端正，光明磊落，听起来让人觉得正气凛然。

人比人气死人。

—— 劝人知足常乐，不要无谓地与人家攀比。

刀要石上磨，人要世上磨。

—— 人要成长，就必须在世间磨炼。

满口饭好吃，满口话难讲。

—— 告诫人们讲话应留有余地，不要说绝。

不识洋钿叫人估，不识人头一世苦。

—— 旧时有各种钱币，如果你不认识，不知道它的价值，可以叫人估值；但如果你在世间不识得人头人面，那就要一世受苦。这里的意思很清楚：识人很重要。

先落航船晚上岸。

—— 乘船时争先下船，上岸时你在里边，就比别人晚。这是在讲得失的道理，劝人不要一味贪便宜，比较符合辩证法。

背后讲声好，千金难买到。

——让人背后说声好，实在很难，那是真的好。

道上讲闲话，路旁有人听。

——劝人背后少议论人。

墙有风壁有耳。

——你只要在背后议论别人，特别是搬弄是非，总要被人知道。警示人们不要轻易说人闲话。

吃苦不记苦，到老无结果。

——人要吃一堑长一智才好，如果失误、失败、吃苦、吃亏都不善于总结教训，吸取教训，最终不会有什么结果。

小时不学好，老来不入调。

——如果小时候放松人品修养，年老了就不会端正温良。说的是道德修养行为匡正应该从小开始。

……

从上面的例子，我们可以看出前人的处世哲学、处世态度和处世方略。他们的思想，涵盖了处理人际关系、社会关系的方方面面。应该说这些多数宣扬的是积极处世的态度，对我们有很好的启示意义。

思考与实践

1. 处世是一门没有教科书的学问，德清"老古话"里关于处世的俗语，有许多充满着智慧，充满着正能量，也有一些可能会有消极的思想意识。在平时的生活中，注意取其精华。

2. 解释下面的德清"老古话"，看看都讲了什么道理。

吃人一口，还人一斗。

问路不施礼，多走十几里。

当面烧香，背后放枪。

见人说人话，见鬼说鬼话。

嚓话不生脚，出口追不着。

上 梁（三 合 2019年 楼其梁 摄）

第五节
不会种田看上达 —— 德清"老古话"里的务实智慧

和成语、警句一样，德清"老古话"充满了生活智慧。

可以想象得到，我们的先人绝大多数没有文化，他们的智慧主要并不是来自书本，而是生活和劳动。在生活中感悟，在劳动中体验，许许多多的经验和智慧就成为后人的精神财富。

我们来看下面的"老古话"。

不会种田看上达。
——说的就是在过去，农业劳作并不一定像今天这样有正式的劳动技能培训，而是主要靠自己观察，自己琢磨。农业如此，做工如此，学商也是如此。假如你暂时不会插秧，你可以观察在你前面的那个人，他种好了"上达"，可以成为你模仿学习的范式。
农业技能的代代相传，就是如此，自己去看在你前面的榜样——"上达"。

绣花枕头一包草。
——绣花枕头表面很好看，但它里面只是一包草。这一句告诫人们，看人不能只看外表，要看内涵。
只有买错，没有卖错。
——买卖的时候，卖家的目的是要千方百计将商品卖出去，而买家就有可能买了有瑕疵或者不值的东西。卖家是永远不会卖错的，错的就只能是买家。这一句俗语是经验，告诫人们买东西要谨慎下单。
不怕用头大，只怕无来路。
——用钱的时候，花销多并不可怕，怕的就是缺少收入来源。启示人们，开源比节流更要紧。正如我们常常有人说，钱不是靠省下来的，而是靠赚来的。这个意思在现在仍然非常有道理。
少吃多滋味，多吃坏肚皮。
——遇到好吃的东西，我们往往想吃个过瘾。但德清"老古话"告诉我们，最好的东西如果吃多了，可能会吃坏肚子，适可而止，或者"少吃"，那种"滋味"就会愈加长长久久。这是多么朴素的道理。
种田不着一季，讨老婆不着一世。
——这是一句非常中肯、非常传统的告诫。如果种田种不好，这一季就不会有好收成；但如果老婆娶得不好，那就要影响一生。这在过去，是告诫人们慎重对待讨老婆这件事。同理,在今天,我们要慎重对待婚姻大事,这是很有现实意义的。

晴天带伞,饱肚带饭。

——这是告诉人们,凡事要未雨绸缪,做好周全的准备。

田要种得近,女要嫁得远。

——这一句很耐人寻味。田种得近,便于管理、收割,这好理解。那为什么女要嫁得远?也许会有封建思想在里面。《触龙说赵太后》里面也有类似说法。从古到今,女儿基本上要出嫁。出嫁了,就是人家的人,如若在夫家有所不适或者受到什么委屈,但凡要回娘家诉说,那么问题就来了,夫妻龃龉难免,是不是一有不愉快都要回娘家?娘家人掺和进来,是不是有利于夫妻矛盾的解决?答案可能是否定的。从长久来看,小夫妻矛盾还是交给他们自己处理。船到桥门自会直……于是,人们就认为,嫁出去的女儿泼出去的水,本义大概就在这里。至少,这也体现了前人的生活智慧。

十个节头有长短。

——指头有长短,带入生活,人和人在各方面都会有差距,我们不能一刀切,用一个标准看人,从一个角度处事。用人,人尽其才就好;待物,物尽其用则善;处事,各善其事才美。

……

这样的充满了智慧的德清"老古话"数不胜数。上文说过的"河近不可乱用水,山近不可乱烧柴""麻雀也有隔夜粮""老鼠也有过冬食",这些俗语句句都那么通俗,却都是前人在生活实践中发现的道理,大有节约资源、节能环保、可持续发展的意思。今天的人们,看后是不是有所顿悟呢?

▋思考与实践 |

1.德清"老古话"的智慧非常丰富。可以说,每一句能够流传下来的"老古话"都是劳动人民智慧的结晶。平时注意吸收那些"老古话"中的智慧,提升我们思想的能力及其丰富性。

2.请收集一些富有智慧的"老古话"。

丝厂女工（钟　管　1995 年　楼其梁　摄）

第六节
路靠人走，店靠人守 —— 德清"老古话"的时代意义

　　"老古话"之所以成为"老古话"，首先在于它的老、古，都是经过一代代人口口相传下来的。也许有人会联想到，老的、古的往往也是过时的。实际上，我们可以反过来想想，那些"老古话"为什么会流传至今呢？

　　答案是明确的，因为人们认为它有道理。

这一节，我们就来说说德清"老古话"的时代意义。

我们已经进入了一个全新的时代，我们的世界、我们的社会、我们的生活都发生了翻天覆地的变化。但是，我们一些传统的思想理念，我们的"老古话"，把它代入现今的社会生活，你会发现，它们居然与新的思想理念高度吻合。

看看下面这些德清"老古话"。

砖头铜钿不买瓦。

——德清民间一直有这样的观念：原本用来买砖头的钱不要去买瓦。这是在打比方，预算当中的钱不要去改变它的用途。虽然钱都是自己的，买来的东西也依然是有用的，但这不符合计划。若是不按计划开支，久而久之，完全有可能让你变成一个花钱没打算的人；没了打算，生活就会凌乱，后果可想而知。

试想想，这种理念，是不是跟现在说的专款专用相吻合呢？

吃人一口，还人一斗。

——在贫困的时候，在需要别人帮助的时候，你可能会得到一些微小的帮助，所谓吃人家一口，就是说得到的帮助并不一定很大、很多。但德清人讲究知恩图报，你首先应该记着别人的好，当有能力的时候，该回报人家或者加倍报偿，还给人家一斗。

这跟我们现在提倡懂得感恩是不是一个意思呢？

鸭多不生蛋，人多不管事。

——鸭子多了挤在一起，生蛋就少，这是一个奇怪的自然现象。人多了也不一定管事，工作的最后成效不一定取决于人的多少。

这是不是在说人多了就可能会造成人浮于事的情况，要提高工作效率？

路靠人走，店靠人守。

——路要人走出来，店要靠人守着才能维持生意。这里是在说守业的重要性。

一只茄子一个柄，一个将军一个令。

——每一个茄子都有一个柄，每一个将军都有自己的号令。

这是在讽刺什么？是不是说政令太多，部门都下指示，下面不好执行？试想，现实生活里是不是有这样的情况，而且很普遍？

看见讨饭好，连夜买草袋。

——看见人家要饭的轻轻松松能填饱肚子，就连夜买来要饭的器具，准备改行要饭。这一句讽刺在创业或者谋生过程中缺乏恒心、见异思迁的现象。

十样行当九样会，屋里穷得要讨饭。

——创业或者谋生时候会的太多，往往会受穷，只好讨饭。

百会百穷，百会屋里没烟囱。

——谋生时什么都会，家里穷得饭烧不出来了，所以没了烟囱。

以上两句意思完全一样。什么都想学，什么都想会一点，结果很清楚，你没有一样专业，什么活都干，就是什么活都干不好。这跟我们现在提倡干一行爱一行专一行的道理是一样的，也是一种应提倡的敬业精神的体现。

在子女教育方面，我们的前人讲究"严教"。

菜籽不打不出油，儿子不教不出头。

——这里实际上在强调"打"，是传统家庭教育中特别提倡的"严教"；而"严教"的具体方式就少不了"惩戒"式教育。

棒头上出孝子，筷儿头上出败子。

——这一句讲"惩戒"式教育更为夸张，要教好孩子，使他成为"孝子"，还得"棒头"伺候。相反，如果老是宠爱有加，总给儿女碗里夹菜（拿筷子伺候），那么儿女往往会被宠坏，甚至于沦为败子、逆子。

这里说的，虽有一些夸张，并带有封建陋规，但是提倡对子女严加管教的理念至今仍有意义。

至于下面两句，说的就是家庭教育和良好家风的重要性。

好树结好桃，好种出好苗。

——具有良好家风的家庭，培育出来的孩子应该也会具有良好的品行。

有种出种，萝卜不出芥菜种。

——栽什么树苗结什么果，撒什么种子开什么花。同理，什么样的家庭出什么样的孩子。话是这么说，看似绝对，但它说的就是最一般的道理。撇开特殊情况，它的意义也是很现实的。

吃饭不轧淘，做煞无功劳。

——这一句，说的是另外一个道理：为人处世，应该合群、乐群，"轧淘"；否则，你再努力，可能导致绩效不显，累死也没有功劳。

德清"老古话"所能体现的时代意义远远不止这些，它们之所以能够长期流传下来，是因为其内在的事理一直为人们所接受，有许多"老古话"哲理性非常强，成为名言警句，给人以生活的启示。

▌思考与实践 |

1. 德清"老古话"为什么能够长期流传，你认为有哪些原因？

2. 你在生活中听到过哪些德清"老古话"？这些"老古话"和我们今天的思想观念是不是很相符？请举例说说。

打草鞋（二都 2017年 楼其梁 摄）

第（七）节
三里塘上骂老爷 —— 德清"老古话"的乡野渊源

说了那么多德清"老古话"，我们还得说清一个意思：德清"老古话"都是德清独有的吗？当然不是，有许多不只在苕溪小片，还在吴方言区广泛使用，不少使用范围更广。但是，也有一些确实来自乡野，为德清独有，并且向周边流传。

我们先来看看下面几句德清俗语。

三里塘上骂县长。

到菱湖搭荻港转。

南栅漾氽来斧头无么柄。

这些俗语里面都包含了德清或与德清有关的地名，三里塘在老德清城东门外，菱湖和荻港在德清县北面，南栅漾在新市。

看看这些话说的是什么意思。

三里塘上骂县长。

—— 这句流传于德清乾元一带。老爷就是县长，俗称县官老爷。这句话的原意大概是：有人受了县官老爷的气，当面不敢怒也不敢言，出了城，到了三里塘那边才愤愤不平骂起县老爷来。这是讽刺那些有话不敢当面讲的人。

到菱湖搭荻港转。

—— 去菱湖往荻港绕。菱湖在德清中部正北方向十千米处，荻港在菱湖偏北方向十五千米处，均为东苕溪畔古镇。德清中北部水网交错，水路交通四通八达。过去洛舍、钟管一带人们出行主要靠划船。上述地区去菱湖可以直达，但若是先途经荻港，肯定是绕了远路，是不必要、也是愚蠢之举。这句话的意思就十分清楚了，讽刺那些舍近求远的愚笨行为。

而这句话不只在德清中北部，在吴兴区一带也很流传。可见它的生命力之强。

南栅漾氽来斧头无么柄。

—— 南栅漾里漂浮来一把斧头，还没有柄。一听就是笑话，这里讽刺了一些人说话无限夸大又毫无根据。所谓说话要生个柄，就是说话要有依据。

日赶萧山夜赶武康。

—— 形容整日赶路，也讽喻有人到处闲逛无所事事。

鸡笼山上拾鸡污。

—— 这是洛舍东衡俞塘一带的俗语，说的是一个人出生之前子虚乌有的所在，是嘲讽性语言。语境是这样的，若有小孩问 N 年前自己在哪里，长者就以此回话——那时候啊，你还在鸡笼山上拾鸡污呢！听起来是不是很有趣？

洪湾家计兜，香油拌菱头，一世不出头。

——洪湾家计兜在三合，从前一直不富裕。

湖州七十二牌楼，不及武康三牌楼。

——这里形容的是过去武康三牌楼形制气派。

雷甸白云桥，划楫当大刀。

——说的是过去雷甸白云桥那边有划着船的强盗。

莫干山高，碰着黄回山只腰。

——德清西部有座黄回山，当地人形容它高。

许多的方言俗语，就是我们的前人在生产生活中创造出来的，然后世世代代流传下来。这些方言俗语不仅包含前人的智慧，还很有趣、很幽默，给人以文学层面的享受。

▎思考与实践 ▎

1. 德清各地有不少包含当地地名的俗语，你能向家乡的父老乡亲搜集几句吗？

2. 以上几句话所蕴含的道理在生活当中可以找到许多例子，你不妨思考一下，身边有类似情况吗？

新 市（1995 年 楼其梁 摄）

第八节
干净冬至邋遢年 —— 德清"老古话"的实践经验

这一节我们来说说德清话里的农用谚语。农用谚语是劳动人民在长期的生产实践中形成的经验。这些谚语内容非常丰富,有的是揭示天象与天气的关系,有的说明节气与农事的关系,有的专门揭示风、云、雷、雨等现象之间,以及特殊时日之间的天气关系,形成了一整套比较符合科学原理的经验体系。

我们来看看下面的谚语。

一、天象与天气

天象指日月星辰在天幕上有规律的运动现象,现代通常指发生在地球大气层外的现象,如,太阳升落、行星运动、日月变化,彗星、流星、流星雨、陨星、日食、月食、极光、太阳黑子等。我们平时所说的天象,指人们肉眼所及的天空景象。

我们的前人在长期的生产生活实践中,发现了许多关于天象与天气关系的规律,形成短语,变成谚语。

日晕三更雨,月晕午时风。

——日晕预示三更有雨,月晕预示午时有风。

日没胭脂红,无风必有雨。

——落日呈胭脂色,是因太阳光谱遇到空气中水汽和尘埃,形成散射,只有红色因光波较长而凸现出来,所以是风雨的前兆。

太阳颜色黄,明日大风狂。

反照黄光，明日风狂。

——这两句是说，日没时分阳光呈黄色，预示明天有风，是因空气中水汽尘埃增多所致。

日光晴彩，久晴可待。

——此景色系空气清洁，水汽少，散射光线多青蓝色之故，预示天气将持续晴好。

太阳落地穿山，明日一定晴天。

——"穿山"指太阳穿破尘雾升起，"落地"指太阳不受云雾阻挡西沉。

日枷风，夜枷雨，枷里无星连夜雨。

月亮长毛，大水成潮。

——这两句是说，日晕、月晕与天气的关系。晕亦称枷，或称圈，因地域不同而称谓不一，是由微小冰晶组成的高空卷层云，是低气压的前驱，而低气压是天气变坏的主要原因，圈层云就是风雨的前兆，一般六至十二小时出现高层云，继而是积雨云，随之风雨交加。

乌云风，白云雨。

——这句指的是雷雨季节的天象，有乌云出现，大风就要来了。如果出现许多乳白色的云层，预示将要下雨。

春雾雨，夏雾热，秋雾凉风冬雾雪。

——指一年四季出现雾的不同预兆，春天出现雾是雨的征兆，夏天是热，秋天是风，冬天是雪。

二、物象与天气

人们在长期的生活实践中，还发现了物象与天气有着密切的关系，形成谚语。我们这里所说的物象，是相对于天象而言外界事物所呈现出来的景象、情状。

泥鳅跳，雨来到。泥鳅静，天气晴。

——泥鳅活动与天气的关系。

青蛙叫，大雨到。

——青蛙鸣叫与天气的关系。

燕子低飞要落雨。

——飞燕与天气的关系。

蚂蚁搬家早晚要下。

——蚂蚁与天气的关系。

蜜蜂归窠迟，来日好天气。

——蜜蜂与天气的关系。

鱼儿出水跳，风雨就来到。

——鱼与天气的关系。

水缸穿裙，大雨淋淋。

——空气潮湿，是下雨的预兆。

东风急溜溜，难过五更头。

——东风吹得很急，表明东南暖湿气流快速过来，很快就要下雨了。一般是指春夏时节。

春风不常住，常住脱鞋子。

——春天的天气是很不稳定的。春风一般不会常住，但要是春风稳定一些时日，气温就会马上上升。这一句德清好多人理解为"春风不上树，上树脱鞋子"，意思也说得通。

三、节气与生活

长期以来，人们的生产生活会根据节气的变化而调整。同时，节气所呈现的状况也预示了某些规律，人们把这些规律编成通俗的谚语，成为一种生活提示。

小暑一声雷，黄梅倒转来。

——小暑这一天如果打雷的话，那么，又将要重新开始像"黄梅天"那样的天气。

吃了端午粽，还要冻三冻。

——即端午节以后还要冷一些天。

白露身勿露，赤膊像猪猡。

——白露节气里，不要赤膊。

清明断雪，谷雨断霜。

——德清一带清明时节不会再下雪，谷雨时节就不会再降霜。

六月里盖被，十二月里无米。

——六月天是德清一带播种水稻的季节，如果这个时节天气反常，阴冷天多，那么一定不会有好收成。

处暑一场雨，砻糠变白米。

——意即处暑的雨对农事来说非常有利。

夏至难逢端午节，百年难逢岁朝春。

——夏至与端午、大年初一与立春，这两对日子（节气）是很难遇到一起的。

清爽冬至邋遢年，邋遢冬至清爽年。

——冬至日若是晴天（清爽），那么过年的时候就会多雨天（邋遢）；相反，若冬至日是雨天，那么过年时候就会多晴天。这一句有的地方念为"干净冬至邋遢年，邋遢冬至干净年"。

冬吃萝卜夏吃姜，郎中先生卖老娘。

——德清民间传说冬天吃萝卜、夏天吃生姜是非常有益健康的，大家都健康了，郎中先生（民间医生）自然就没有生意了，连老婆都要卖掉了。老娘，德清话是指老婆。这一句有的地方说成"郎中先生卖药箱"。

四、节气与农事

三月种芝麻，着地生丫杈；四月种芝麻，当头一朵花。

——意即三月种芝麻比较容易成活，而四月种芝麻虽能成活却难有收成。

稻花要雨，麦花要风。

——稻花需要一定的雨量，而小麦开花则需要适当的风。

芒种芒种，样样要种，一样勿种，全年落空。

——芒种是全年播种的好时节。

清明下种谷，立夏开秧门。

—— 清明开始撒播稻谷的种子，立夏可以开始插秧了。

小满动三车。

—— 小满节气到，丝车、油车、水车要准备使用了。

▎思考与实践 ▏

1. 谚语是口语化了的经验总结，来自生活又指导生活。长期以来，这些谚语所反映的道理被反复求证，有许多符合科学道理，也有不少只是揭示了事物的一般规律。有些说法，并不是绝对的，要辩证看待。请选择一些谚语，注意观察生活，然后看看是不是有道理。

2. 谚语有许许多多，请分类收集，并作理解。

问　候（新　市　2015年　楼其梁　摄）

第六章

阿婆勒门前一只红脚桶——

『德清话』中的乡土味

本　章　导　读

方言文化很丰富，可以说，任何一种方言、次方言、土话都有自己的通俗文学，是当地劳动人民的口头创作。这一章我们来学学德清话里的一些乡土文学小品，主要是乡土谜语、方言童谣和方言笑话故事。

第一节
阿婆勒的"谜子"—— 德清乡土谜语

乡土谜语，在德清被称作"谜子"。德清的"谜子"里寄托着浓浓的乡情。猜"谜子"是一种启迪智慧的启蒙教育。在劳动之中，或者在茶余饭后，成人之间、儿童之间会相互猜"谜子"取乐。特别是妈妈、奶奶在对幼童进行启蒙教育的时候，会教小孩子猜"谜子"。

我们先来猜猜下面的"谜子"。

阿婆勒门前一爿桥，跑过十个小强盗，个个戴凉帽。
（外婆家门前有一座桥，桥上走过十个小强盗，个个戴草帽。打一物）
阿婆勒屋里一粒黄籼谷，攞开来三间屋。
（外婆的家里有一粒黄籼谷，攞开来有三间屋。打一物）
阿婆勒屋里一只小抽屉，里厢全是和尚头。
（外婆的家里有一只小抽屉，里面都是和尚头。打一物）

阿婆勒门前有只碗，落了三日三夜落勿满。

（外婆家门前有一只碗，［落雨］落了三天三夜落勿满。打一物）

阿婆勒门前一只红脚桶，十个仙人抬不动。

（外婆家门前有一只红脚桶，十个仙人抬不动。打一物）

阿婆勒田里一棵草，跑去一看是大肚皮阿嫂。

（外婆家田里有一棵草，走近一看是大肚皮阿嫂。打一农作物）

以上这些"谜子"的谜面，都以"阿婆勒"开头，即都以外婆家起兴。

这些"谜子"的谜底分别是手掌、电灯、火柴盒、鸟巢、太阳、茭白，都是人们熟知的日常生活中的事物。谜面语言整饬、押韵，富有文学性、趣味性。特别值得一提的是，这些"谜子"都带有很鲜明的情感。

可以推想，这些以"阿婆勒"开头的"谜子"，最初应该主要由母亲们口头创作，再让孩子猜。试想，外婆家就是母亲的娘家，在社会落后、交通不便的过去，女儿出嫁了，很少回娘家，"谜子"里那么多的"阿婆勒"，阿婆勒屋里、阿婆勒门前等等，是不是表达了出嫁女儿对于娘家的眷念，希望儿女也念着"阿婆勒屋里"？外婆家充满着温馨，是孩子们的神往之地。以"阿婆勒"起兴，不仅可以激发孩子们的猜谜兴致，还可以抒发"谜子"制作者和参与者的眷眷亲情。

这些或由母亲制作的"谜子"，一直口口相传，流传下来，充满着童年的记忆，充满着浓浓的乡愁。

还有许多并不是以"阿婆勒"起头的，但都充满了智慧和趣味。

千只脚万只脚，立不起，隑墙脚。

（长了千只脚万只脚，站不起来靠墙角。打一生活用具）

棒打地边草，小心过木桥；鸡叫明天亮，狗叫近村坊。（打一种人）

天上飞过，桥上跑过，水里游过，泥里缸（钻）过。（打四种事物）

谜面说的几个"过"都是双关，德清话读音是"咕"，这里要求打四种"咕"［音］）

水生骨头浮生带，沸热百烫连底冻，冰冷激出烫撒人。

（水长骨头，浮长带子，火热滚烫连底冻，冰冰冷冷烫死人。打四种事物）

上方下圆，下方上圆，里方外圆，外方里圆。（打一生活物件）（另，打四样生活物件）

以上四个"谜子"的谜底是这样的：

第一个是扫帚。很好理解。

第二个是盲人。写盲人的神态栩栩如生。

第三个分别是：天上飞"咕"是八哥，桥上跑"咕"是尼姑，水里游"咕"是鳑鮜，泥里钻过是慈姑（德清话哥、姑、鮜、姑谐音）。

第四个分别是：水生骨头是冰；浮生带指水生藻类长着根须，是藻；沸热百烫连底冻是水蒸蛋，形状如冻；冰冷激出烫撒人是烧酒。

第五个有两种猜法，第一种是过去常见的小儿立桶；第二种分别猜四样生活物件：上圆下方是箩筐，过去箩筐底是方形的；下圆上方是筷子；内圆外方是小孩坐的架椅；外圆内方是铜钱。

乡土谜语的形式多种多样，有的适合小儿猜，相对比较简单。有的适合成人猜，难度会很高，甚至有"千古之谜"，谁都猜不出。

还有一些谜语，不同地方会有不同的谜底。正如上述"外圆内方"这个谜面，谜底还有砚台等。

▌思考与实践▕

1. 德清的乡土谜语非常多，绝大部分流传在民间。有兴趣的话，你可以到生活中去收集一些。

2. 猜一猜下列"谜子"。因为时代变迁，有一些你可能猜不出，但你可以请教年长者。

阿婆勒屋里一蓬葱，一日

武康居仁街（武 康 1995 年 楼其梁 摄）

到夜拔三通。（打一生活用品）

阿婆勒屋里有枝黄芽菜，落雨掀开来。（打一生活用具）

阿婆勒门前一棵树，树上挂了十七八只黑老鼠。（打一农作物）

小小诸葛亮，稳坐军中帐；布下天罗网，专捉飞来将。（打一昆虫）

沟路里进，沟路里出，沟路里耙勒色（垃圾）。（打一手艺活）

青石板，白石桥，四支橹，快快摇。（打一水生动物）

青叶青梗子，无花结果子，三个铜钿一盏子，爿爿店里无买处。（打一农作物）

东边出日头，西边打潮头，树上鹦哥叫，水里白鱼跳。（打一常见活儿）

团团强，团团乖，团团不用剪刀不用尺，做条衣裳自己着。（打一物）

第二节
天上飞过一只鸟 —— 德清乡土童谣

方言寄托着乡情，童谣镌刻着童年的记忆。随着社会的快速发展、农村城镇化水平的提高，老底子的德清话里的童谣几乎已经很难听到了，和着童谣一起进行的童年游戏活动，也逐渐消失。

我们来欣赏几首德清乡土童谣吧。

一、童谣1

嘟嘟嘟，马来台。

大人小人跑开点。

嘟嘟嘟，马来台。

骑到佴里（哪里）去？

骑到天上去。

这首儿歌一般是长者哄婴孩进行互动嬉戏时所用。通常是长者坐着，将婴孩放置在自己的膝盖上，双手托住婴孩，做骑马状，口中念念有词。

二、童谣2

摇摇船，摆摆船，

摇到佴里（哪里）去？

摇到阿婆去。

阿婆勒佴里（在哪里）？

阿婆勒天上（在天上）。

天上哪嘎去（怎么去）？

红线绿线吊上去。

哪嘎跑特来（怎么走下来）？

红线绿线放特来（放下来）。

这首儿歌的用法和上一个《马来台》相似，不同的是长者与婴孩的互动动作主要是摇。

三、童谣3

天上飞过一只鸟，

落特三根毛。

毛呀毛家桥，

桥呀桥神土，

土呀土地堂，

堂呀糖塔饼,

饼呀饼上章,

章呀张果老,

老呀老寿星,

星呀新娘子,

子呀猪八戒,

戒呀阶沿石,

石呀石宝塔,

宝塔尖,戳破天,

天也天,地也地,

三城隍,四土地,

土地菩萨不吃荤,

三个鸭蛋囫囵吞。

这一首儿歌在德清非常流行,过去几乎家喻户晓,农村的孩子基本上会哼唱。它的修辞特点是谐音顶真(必须用德清方音来念)。需要说明的是,这种儿歌毕竟是人们的口头创作,再口口相传,有一些音节到底是什么意思,是什么字,很难查考。并且流传较广,"版本"也多。

四、童谣 4

一箩麦,两箩麦

三箩打荞麦,

四箩打噼啪,

噼,啪,噼,啪。

因为辰光来不及,

马马虎虎敲三记。

这一首儿歌现在农村还有小孩儿会唱,一般玩法是两个小女孩面对面伸出双手，相互合掌撸手、拍手，边唱边拍。

五、童谣5

荷花荷花几月开？

正月开。

正月不开几月开？

二月开。

二月不开几月开？

三月开。

三月不开几月开？

四月开。

四月不开几月开？

五月开。

五月不开几月开？

六月开。

六月荷花大大开。

这首儿歌伴着动作，是小女孩的群体游戏。一般为五六人或稍多人一起玩。游戏时，先由一人蹲在地下，其余女孩子手牵手围成一圈，将牵着的手轻放在蹲着的女孩头上，做未绽放的荷花状。站着的女孩们齐声问蹲着的女孩，蹲着的作答。待到回答"六月开"时，手牵手围成一圈的女孩们，将牵着的手向外展开，做绽放的荷花状。蹲着的女孩此时站起身来，然后用膝盖撑开同伴们牵着的手，哪个手劲小就会被撑开。撑开算赢，被撑开的女孩接替进圈蹲下。游戏往复进行。

乡间童年的歌谣往往都伴随着长幼之间的亲情嬉戏和同伴之间的互动游戏，趣味性很强，是长幼之间亲情互动、蒙童启发的最朴素形式，也是童年伙伴之间社会交际、心智训练的最有效活动，值得继承发扬。

┃思考与实践┃

1. 方言童谣里的人文意涵远远不止我们上面谈到的。过去的人文化程度不高，但是他们哪怕在只字不识的情况之下，也创作出了许许多多有文化意涵、有艺术水平的童谣，实在是难能可贵。

2. 你能搜集一些民间的童谣吗？看看它们还有什么文化意涵。

下舍老街（下　舍　2015年　楼其梁　摄）

第三节
三个呆大 —— 德清乡土故事

德清有许多笑话故事流传在民间。和前面说过的谚语、谜语、童谣一样，都是劳动人民的口头文学创作。许多笑话故事在纵向流传、横向传播的过程中，会有许许多多的变化，或丰富，或走形，进而变得五花八门。到后来，差不多的情节、人物，会弄出许多版本。

下面的《借斗》故事，有相对恒定的人物、情节，各地演绎大致相近。

一、借　斗

有个人到隔壁人家去借斗。（有一个人去隔壁人家借斗。）

隔壁只有一个聋子娘姆嘚屋里。（隔壁人家只有一个耳聋的奶奶在家里。）

伊讲："娘姆呀，搭那借只斗。"（他对奶奶说："奶奶，向你们借个斗。"）

娘姆："伢只狗啊？嘞门角落里养小狗。"（奶奶说："我家的那只狗在门角落里生小狗。"）

"你勿要七搭八搭。"（你不要七搭八搭。）

"勿晓得养了七只八只呀。"（不晓得生了七只还是八只。）

"你只耳朵聋了！"（你的耳朵聋了吧！）

"也勿晓得几只母几只雄。"（也不晓得是几只雌几只雄。）

流传在民间的许多故事、笑话，因为是劳动人民口头创作，所以绝大多数具有浓厚的乡土气息，几乎一点也"不雅"。比如，有多种版本情节不同的"呆大（傻瓜）女婿"故事、"呆大媳妇"故事、"呆大丈母娘"故事。还有盲子（盲人）、跷脚（跛足）、嗝子（口吃）等带有非主观恶意的笑话，如《呆大女婿讲乖话》《呆大借布机》《呆大卖布》等。

二、三个呆大

从前有户人家，娘、儿子、媳妇三个侪（都）是呆大。

有一日夜里，呆儿子搭（和）呆媳妇讲："明朝（明天）我要到杭州去，你要买东西吗？"呆媳妇讲："我日日早上起来无不（没有）东西梳头发，隔壁三婶日日用一个东西梳头发，你搭我（给我）买这个东西来。"

呆子问："这个东西是哪嘎（怎么）样子咯？"

"喏，样子（形状）就像今朝（今天）夜里的月亮。"

呆子一看天上挂着一个眉毛弯月亮，就讲："我晓得台（我知道了）。"

呆子到了杭州半个把月（半个月样子）。伊来到一爿（家）店里，讲要买像月亮嘎（样）的东西。伙计听了，顺手拿出一面镜子。

呆子就把镜子买回到屋里（家里）。

呆媳妇急忙迎上来问："月亮嘎样的东西买来了吗？"

"买来了，你看。"

媳妇一看，不对，就骂伊："要死台（要死啦），叫你买个月亮一样的东西，你倒好，去讨个小老婆来。屋里（家里）本来就嘎嘎（这么）穷。哪嘎（怎么）去养伊？"

呆子连忙分辩："你乱话三千（瞎讲）！这个东西还不是月亮嘎个样子啊？我啊里（哪里）讨个小老婆来。"

两夫妻相骂（吵嘴），被娘听见台（听见了），呆子娘就噶（马上）跑过来。

呆媳妇哭出啦呜（哭哭啼啼）："姆妈，你这个宝贝儿子到杭州去讨了个小老婆来，我今后的日脚（日子）无不（没有）办法过台。"

娘问伊："小老婆啦啊里（在哪里）？让我去看看。"

呆子媳妇拿出镜子给婆婆看。婆婆一看，也骂起来："哎呀！这个肥尸（骂人词语），真咯讨了个小老婆来，要讨（娶）么讨个年轻嘎点（年轻一点），讨只老太婆来寻死啊！（娶个老太婆来找死啊）"

德清民间的笑话故事取材于生活，除了主要具有娱乐功能之外，还有许多倡导传统美德，讽喻社会现象。比如，德清县地方志办公室和德清县民间文学集成办公室于 20 世纪 80 年代联合采编出版的《德清民间故事、歌谣、谚语集》一书，搜集了许多神话传说和各类故事，有的倡导孝心、"良心"、勇敢；有的颂扬智慧，讥讽愚笨；有的崇尚勤劳，鞭挞懒惰；更有不少带有阶级性、人民性，歌颂劳动人民，讽刺官吏财主，讽刺不学无术的文人等，进步意义非常明显。

比如《做人难》《智斗秀才》《巧媳妇当家》《阿三嫂智斗白食大王》《审石头》，说的都是智慧故事；《传家碗》《无不石子，饿死老子》《三个女儿》《五子夺父》这些故事，则鞭挞不孝行为；《要钱不要脸》讽刺贪官贪财；《阿三戏财主》《六斤四两》《隐身草》等讽刺财主狡诈、愚蠢、贪心；《丈人孵蛋》讽刺员外欺贫爱富。

三、一字当扁担

从前有个财主，老来得子，蛮得意。儿子到了上学年纪，财主一心望子成龙，于是请了个先生来教伊识字。啊人（谁）晓得这儿子从小宠掉，根本勿肯读书。三年过去，还是一字不识。

财主怪先生不会教书，就回头了伊（回绝了他），另外请一个先生。三年过去了，儿子还是一字不识，又回头了伊，再另外请了一个先生。

第三个先生吸取前两个的教训，不教伊读书识字，只教伊白相（玩），白相时教伊识一个字，就是顶（最）简单的"一"字。无不几何辰光（没多时），这小人（孩子）就认识了这个"一"字。

财主听说儿子已经识字了，交关（非常）高兴，要亲自考考伊看。财主指着"一"问："这个啊是（什么）字？"

儿子回答："一。"

儿子识字了，财主决定大摆宴席，请了亲戚朋友来庆贺庆贺。这一日，财主家一派喜气，来了木佬佬（许多）客人。酒吃得差不多辰光（时候），教书先生领了孩子出来当众认字。

先生指着一个写得奇大（非常大）的"一"字问："这是什么字？"

这孩子瞪着眼，直摇头。

先生当错（以为）伊是人多怕丑（害羞），搭伊讲（和他说）："不要怕，侪是（都是）自家人嘛！"

孩子还是只管摇头。

先生慌了神，连连说："不要急，不要急，我日日教你认的那个啥字？"

孩子回答说："一！"

"对对对！"先生和财主同时叫起来，开心得不得了。

但是孩子仍是只管摇头，伊讲："不对哦！不对哦！先生平时教我识的一字无不嘎大（没有这么大），我看这个字是个扁担哓？（我看这个字是条扁担吧）"

一阵哄堂大笑，财主撒嘎气撒台（财主干脆气死了）。

在学习民间文学的时候，我们还应该提高自己的鉴赏能力。由于民间文学都是过去老百姓口头创作的，主要用于自娱自乐，有许多只在成人间流行，并不讲究思想意义，所以有不少笑话、故事或多或少会包含一些消极和非主流的东西。生活中我们应该学会辨别，取其精华，弃其糟粕。

▌思考与实践▕

1.民间文学当中，传说、故事和笑话非常多，是原汁原味的乡土文学。我们从这些文学小品里，不仅能读出许许多多的意涵，还能学习到老百姓口头文学创作的艺术和技巧。学了本小节，我们可以找资料阅读或者找人讲故事，体会一下这些故事的意涵和创作技巧问题。

　　2. 搜集整理几则民间故事。

兴修水利（东苕溪　1994 年　楼其梁　摄）

第七章

学讲家乡话

本 章 导 读

方言已经很陌生了，但是无论从主观上还是客观上，我们又难以割舍和割裂我们的母语。在方言被逐渐疏远的时候，掌握和使用方言成为一门新的课程。我们需要学习，需要掌握和传承。本章我们一起探讨为什么还要学方言、学什么、怎么学的问题。

第 一 节
念乡情，解乡愁 —— 我们为什么要学方言

学习任何一种语言，首先是为了交流。我们今天提倡青少年也学些方言，倒不是提倡将方言作为主要的交流工具而削弱普通话的功用。

民间人士提倡保护方言，看重的是方言的趣味性，出发点在于朴素的方言情怀。学术界研究方言，出发点更为高远。这些，我们在此不做更深层次的讨论。

这里我们思考的是，从文化层面看方言与家乡的关系，看童年与未来的关系。

我们每一个人说得出自己的出生地、祖籍地，都有故乡、家乡。但是故乡或者家乡有没有什么像基因一样的东西流淌在你的人生，甚至血脉里？

童年的记忆会伴随你的一生，儿时的生活环境和生命状态也会在你的生活习性里残留抹不去的征候。这中间，你最初所使用的地方语言，是最具代表性的特质。有什么比操一口地道的方言更具有文化表征作用呢？或者，假如你的生命里，

从来没有经受方言的浸润，是不是有一种生命的缺憾？

根据有关报道，有位主持人独自出资 465 万元，计划用五到十年的时间，组织 10 支调查研究团队，对湖南 53 个调查地的方言进行搜集研究，用声像方式保存方言资料。他那句"普通话让你走得更远，方言让你记住你的根在哪里"，更是戳中了很多人的泪点。

留住方言的方式有两种，一是制作音像档案；二是口口传承。档案可以让方言固化下来，但它不是活态的。真正让方言活态存续的，就是我们所有的自然人，自然人能够共同保护和再造方言语境。我们学方言，说方言，用方言，当你长大，当你离乡背井走天下，方言就帮你记着，我从哪里来，家乡在哪里。

有一次，我们去泰国旅游，在美丽的芭提雅游船上，居然听到说德清话的另一拨人，于是我们就用家乡方言进行了交流。

"呀！倷（你们）也是德清人啊？"

"哎，是啊是啊！倷（你们）啊里人（哪里人）啦？"

"王是（当然是）德清人咯。德清嗦话（话语）跑到随便啊里一听就听得出来哦。"

……

异乡遇老乡，大家格外兴奋，成为同游。此后便成了熟人。

时代进步了，社会发展了，现在，无数人出门求学，出国深造，离乡就业，背井创业。为了与全新环境的朋友进行交流，他们往往会放弃自己的家乡话，学习用另一种语言进行交流，无论是当地方言还是外语，他们甚至学得和当地人一样流利。

这中间，也有不少的人会因为家乡的土话实在太"土"，主观上感到不适而摒弃方言；然而，你永远无法改变的，是方言土语里包含着的某种情感。

毛泽东、邓小平等老一辈无产阶级革命家，他们从年轻时候离开家乡，几十年未回，中华人民共和国成立后也只是偶尔回到家乡，但他们一直到老，依然保留着纯正的家乡话，这不也是一种烙印在生命里的痕迹吗？谁不晓得毛主席是湖南人，邓小平是四川人？

  如果某一天，你偶遇故乡人，或者你偶尔回乡，忽然听到久违的家乡话，你疲惫的身心会一下子被一种情感所消融，被一种极其温暖的力量所感染。那就是一种乡情、乡愁。家乡的吴侬软语，让你一次又一次复习人生的来路、回味故乡的韵味。

  对家乡的认同感，推而远之，就是对于民族的归属感，就是对于民族、家国的自豪感。

▌思考与实践 ▏

  学方言，念乡情，解乡愁。你认为是不是这样？

鱼 市（城 关 1994 年 楼其梁 摄）

第二节
习方言，懂语汇，识文化 —— 学方言学什么

　　我们平时所说的方言概念，大致包括音和义两个范畴，也就是我们平时说话的口音和用语习惯。现在我们学方言，首先就是学习方言语音，就是我常说的乡音。

　　语音是语言的外壳，是语言符号系统的载体。在漫长的文明史中，语言、文化的传播传承主要通过语音。我们平时所说的方言，首先指的就是方言语音，而不是方言的书写形式。所以，我们学方言，就是从学习方言里的口头语言开始，学它的发音、音韵、音调，在此基础上，形成你能说的"乡音"。

　　在这里，我们需要讨论的是，方音的"变异"问题。由于社会发展变化又多又快，你目前生活、学习的处所一定会有许多不同"乡音"的方言土话在同一时间、同一地点交融交汇，甚至，在一个家庭，爷爷中部人，奶奶东部人，妈妈西部人，小家庭又居住在县城，当你需要学习方言时，你也许会犯难，学谁的为主？或者，在一个家庭里，与爸爸说话时用与爸爸相近的口音，与妈妈交流时又接近妈妈的口音，然后，你的口音就会变异，不伦不类。

　　对于这种情况，我们的观点是，靠近强势，控制变异，力保原味。

　　靠近强势，指的是在家庭或者社会环境方言多元融汇的情况下，你想学方言，可以选择相对"强势"的语音。比如，你从小生活在新市，但家人有操洛舍口音、戈亭口音的，这时，你可以选择新市口音作为基础语音来学。

　　所谓控制变异，说的就是尽量保证你的基础方音。如上所述，你从小生长在新市，你基本形成了相对地道的新市口音，但你读高中到了武康，这时候，你没有必要主观放弃新市口音，去适应中西部口音。但是由于在大的生活环境中，同学都来自十里八乡，口音杂乱，难免相互影响，这时候，我们有必要做的，就是尽量保持原味，控制语音变异的程度和速度。

　　我们提倡保持方音的"原味"，是从文化角度考虑的。方言本身是一种"非物质文化遗产"，有的"非遗"消失了，消解了，就难以重构。方言就是如此。哪怕有关机构用音像方式加以保全，活态的方言消失了就不在了。你所能保持的乡音

"原味"，是对方言文化保护的一种贡献。

纯正的方言，浩如烟海的方言语汇，一起构成了强大的方言文化。

前面说过，德清话的方言语汇非常丰富，有许许多多的方言词我们已经很难听到，这是因为过去很少有人有效地记录、保存方言词。口口相传的词语，使用范围、频率、词义的稳定性等都不受人为控制，不少都自生自灭了。我们有意识地学习方言语汇，就是很好地记录与保全它们。那么，方言语汇表情达意的丰富性和准确性，以及它们共同构成的语境文化，就可以存续和传承下来。那种普通话难以包罗和呈现的东西，将成为继续为我们民族的语言文化贡献的源泉。

了解和理解蕴含在方言里的人文信息，对于我们来说，是更具有人文意义的一件事。前面的章节我们具体列举了一些方言语汇，说明了德清话的语汇特色。同时，我们也努力挖掘了德清话里的历史文化信息。

这里，我们实际上在试图为你打开一扇窗，你若探出头去望向窗外，你会发现，原来，德清话这个相对自成体系的文化风景里，还蕴藏着别致的景物，呈现出独特的曼妙与精彩。

▎思考与实践 ▏

学方言，学什么？这个小节我们说了大致的想法。正如本节所说，包含在德清方言文化里的东西，可以说没有边界，甚至没有形态，要学的东西肯定还有许多。

渔　船（上柏湘溪港　2016 年　楼其梁　摄）

第 三 节
辨析、取舍、深入 —— 方言怎么学

学方言，没有定制定法，也没有具体的要求和范围。

我们的观点是，要有所取舍，灵活学习，也要扎实深入，认真学习。

首先，方言所呈现的音义现象，并非都具有很强的规范性。

我们的家乡话，是吴方言区里某一个小小的点，虽然能够折射或者说明吴方言的一些特征，但它和其他方言一样，都具有非常明显的随意性和不稳定性。

笔者八十多岁的母亲，习惯上将矿泉水念成"抗金水"，是误听后的讹传，没有注意"矿泉"这个内涵。而且一直这么念，没有人帮她纠正，几乎也没有纠正的意义。另外一个例子，笔者一个当老师的同事，经常使用一个词语："一塌涂地"，来形容乱七八糟、极其糟糕的情况，应该是杂糅了"一塌糊涂"和"一败涂地"两个成语，我们也没有刻意去纠正。

这样的例子在现实生活中非常多。这让笔者产生一种思考：经年累月口口相传的方言土语，不正是这样成型的吗？那时候，大家都没有文化，更多的老百姓一字不识，有一些词汇为没有文化的百姓大量使用并四处流传，在这个过程中，音义变异，甚至变得面目全非，俱属正常。方言的异常多样性和复杂性就这么被持续拉升，这与电视娱乐节目里戴着耳麦做传声游戏使原意一次次变形是一个道理。

假如我们处在一个文化蒙昧的时代，笔者母亲说的"抗金水"一词真能流传开去，几十年后我们的方言词典里就有"抗金水"这个词条了。那位同事的"一塌涂地"如也被广泛流传的话，方言里也会多出这么一个成语。

以此推测，许许多多的方言词，就会出现"橘生淮南则为橘，生于淮北则为枳"的情况。生活中，有人喜欢追究某一个方言词，究竟该写成哪一个字的问题。这种探究精神我们当然要给予肯定和鼓励，但是，因为人文历史的演进、民俗文化的变迁，以及方言流传过程的万分复杂，方言里出现许多"有音没字"的情况，有各种无法探究的原因。学方言的过程中，有一些"牛角尖"，我们可以适度"钻"一下，但要出得来。

鉴于这样的情况，我们在尊重方言、尊重方言文化的同时，应该以辩证唯物主义的思想方法去思考，在思考中有所取舍。

其次，方言文化所呈现的内容，也并非全都具有正能量。

方言俗语里，有许许多多的谚语，德清本土的"老古话"，几乎涵盖生产、生活的方方面面。本书已经阐述这些谚语、俗语的文化内涵、正能量、时代意义；但是，我们知道，这些谚语、俗语的形成，都是在完全自由开放的环境里，由任何人随意说成，是他们在特定环境和特定时代里的即兴感悟、经验提炼，因为有理、有趣，或者好玩好笑，就在一定范围流传开去。

正因为是在纯自由、全开放、特随意的情况下产生和流传的，就难免会有一些不健康、不积极的俚语应运而生。德清话里面，这样的例子不少。有一些是为劳动中取乐而说出的低级趣味俗语，有一些是老百姓在生活境遇不佳的情况下说出的消极感言，还有一些是脏话、脏字。有一些口头方言文学小品，则显示出不少的低级趣味。我们在学习方言时，应该有所分辨，在分辨中取舍。

最后，方言是博大精深的，学方言，需要认真深入地学。方言里包含丰富的文化意涵，这个道理我们已经阐述过，相信大家都有认同。

学方言有一定难度，语音十分复杂，需要必要的坐标定位。无论你定的坐标点范围多大，都应该大致精准，否则就有可能学得一口怪怪的口音。在这个基础上，需要认真调查、研究你所要学习家乡话的语音特征，包括音韵、声调。定位定准了，你所学习的"乡音"就有可能地道纯粹。另外，在定准方音定位的基础上，还需要一定的学习频率。最佳的方言学习期间，应该在小学毕业之前，越早越有效。如有可能，我们提倡家庭成员之间，要更多地使用家乡方言进行交流。

方言还有深度。特别是在语汇方面，词汇那么丰富，表意那么精彩，用法那么灵活，不深入学习难以把握要义。

同时，深入学习方言，使用方言，也就是用方言进行思维。普通话、外语、方言多种语言思维交错应用，将有利于增强我们的思维训练，提升思维能力。

▌思考与实践 ▏

1. 有人将矿泉水叫作"抗金水"，这也许给了我们方言词汇如何产生的某种想象。你在生活中有没有碰到类似的例子？

2. 用方言思维跟用普通话思维实际上有很大的不同，请试着将某一段文字说成方言口语，你就会发现两种思维方式的转换有点别扭，这实际上是一种有益的思维训练。

禹　越（2014 年　楼其梁　摄）